Den Computer entdecken

Bettina van Bevern

Den Computer entdecken

SYBEX

Fast alle Hard- und Software-Bezeichnungen, die in diesem Buch erwähnt werden, sind gleichzeitig auch eingetragene Warenzeichen und sollten als solche betrachtet werden. Der Verlag folgt bei den Produktbezeichnungen im wesentlichen den Schreibweisen der Hersteller.

Der Verlag hat alle Sorgfalt walten lassen, um vollständige und akkurate Informationen in diesem Buch bzw. Programm und anderen evtl. beiliegenden Informationsträgern zu publizieren. SYBEX-Verlag GmbH, Düsseldorf, übernimmt weder die Garantie noch die juristische Verantwortung oder irgendeine Haftung für die Nutzung dieser Informationen, für deren Wirtschaftlichkeit oder fehlerfreie Funktion für einen bestimmten Zweck. Ferner kann der Verlag für Schäden, die auf eine Fehlfunktion von Programmen, Schaltplänen o.ä. zurückzuführen sind, nicht haftbar gemacht werden, auch nicht für die Verletzung von Patent- und anderen Rechten Dritter, die daraus resultiert.

Herausgeber: Landesverband der VHS von NRW e.V. Udo Schneidereit
Projektmanager: Katja Roth, Patrick Grootveldt, Anita Kucznierz
Sprachlektorat: Katja Roth
Endkontrolle: Brigitte Hamerski, Düsseldorf
DTP: Typographie & Computer, Jörg Gitzelmann, Krefeld
Umschlaggestaltung: Guido Krüsselsberg, Düsseldorf
Farbreproduktionen: More Colour, Meerbusch
Belichtung, Druck und buchbinderische Verarbeitung: LegoPrint S.p.A., Lavis (Italien)

ISBN 3-8155-4400-9
1. Auflage 2002

Printed in Italy

Inhaltsverzeichnis

Vorwort des Herausgebers

Endlich Zeit – Seit letzter Woche steht ein nagelneuer ALDI-Computer im Wohnzimmer und nun will ich's wissen.

Heinz A., Rentner, 70 Jahre alt

Heinz A. ist einer von vielen Interessenten, die sich bei den Volkshochschulen erkundigen, ob es dort für ältere Menschen geeignete Computerkurse gibt, die ihm nun weiterhelfen können.

Ich kann diese Frage nicht nur einfach bejahen, ich kann ihm sogar sagen, dass derzeit geradezu ein Boom an Kursen entstanden ist, die sich speziell an ältere Personen wenden.

Ausgewählte Kursleiter und Kursleiterinnen sorgen dafür, dass diese Kurse kein Fachchinesisch, sondern das notwendige Knowhow zur Bearbeitung ganz spezieller Nutzungsmöglichkeiten des Computers für verschiedenste Interessen bieten.

Und es kommt noch besser: Rechtzeitig zu Beginn des neuen Semesters startet eine Bildungskampagne des Landesverbandes der Volkshochschulen Nordrhein-Westfalens in Verbindung mit dem SYBEX-Verlag: Drei von Kursleitern geschriebene Fachbücher – von denen Sie eines gerade in den Händen halten – werden in den Volkshochschulkursen eingesetzt.

Die Autoren sind erfahren in der Unterrichtung älterer Menschen zur Nutzung und Handhabung des Computers. Die Titel vermeiden das weitverbreitete Fachchinesisch der im Buchhandel erhältlichen allgemeinen EDV-Fachbücher soweit es geht. Vergessen Sie komplexe Programmbeschreibungen und detailverliebte Darstellungen und freuen Sie sich auf die klare Struktur der neuen SYBEX-Bücher.

Wenn Sie das Betriebssystem Windows auf Ihrem PC haben, sollten Sie sich diese Bücher unbedingt anschaffen. In dem Buch *Der Computer entdecken* lernen Sie ganz entspannt und ohne technischen Schnickschnack Ihren PC kennen. *Internet und E-Mail erkunden* heißt das zweite Werk, das Sie schnell in die Lage versetzt, die unzähligen Informationen und Möglichkeiten des Internets zu nutzen und falls Sie demnächst schöne Einladungen für Ihre Geburtstagsfeier anfertigen oder auch mal längere Texte schreiben möchten, steht Ihnen hierbei der Titel *Briefe und Einladungen schreiben* hilfreich zur Seite.

Elemente des Buches

Jedes Buch ist klar gegliedert in Kapitel, die eingeleitet sind durch eine *Los geht's-Seite*. Dort erhalten Sie eine kurze Übersicht, welche Themen Ihnen im aktuellen Kapitel erklärt werden. Zum Schluss wird dann alles auf einer Seite *Zur Erinnerung* zusammengefasst.

Weitere Elemente dieser Bücher werden Sie mit wertvollen Informationen bei Ihrer Arbeit unterstützen:

ACHTUNG

Hier werden Sie immer wieder darauf hingewiesen, wie Sie möglichen Gefahren beim Umgang mit Ihrem Computer aus dem Weg gehen können.

RAT

Und gelegentlich erhalten Sie auch einen Rat, was besonders wichtig für Sie bei der Arbeit mit Ihrem PC ist.

1. Die Schritt-für-Schritt-Anleitungen helfen Ihnen dabei, einige Arbeitsvorgänge genau durchzugehen.

2. Und zusätzlich finden Sie im Text eine ganze Reihe von Abbildungen, die Ihnen erleichtern, bestimmte Arbeitsschritte nachzuvollziehen.

Glossar

Am Ende jedes Buches finden Sie ein kleines Glossar, das Ihnen ein schnelles Nachschlagen neuer Begriffe ermöglicht.

Insgesamt werden Sie sicherlich mit großer Motivation ans Werk gehen, da unsere Autoren sich liebevoll um Ihr Wohlbefinden beim Lernen kümmern.

Ich wünsche Ihnen jedenfalls viel Spaß beim Lernen und drücke die Daumen, dass Sie dann auch mitreden können, wenn Ihre Enkelkinder Ihnen wieder die Fachbegriffe rund um den Computer *um die Ohren werfen*.

Ihr Udo Schneidereit (Hrsg.)
Landesverband der VHS von NRW e.V.
Heiliger Weg 7–9
44135 Dortmund

Vorwort der Autorin

Werte Leserin und werter Leser,

ich freue mich über Ihre Entscheidung, sich dem Thema *Computer* zu nähern und sich mit seiner Technik anzufreunden. Dieses Buch führt Sie auf eine leichte, praktische und verständliche Art in das Thema ein.

Sie lernen die Maus kennen. Sie werden verstehen, warum Ihr Computer Geräusche macht und was in ihm vorgeht. Sie lernen, Dateien zu speichern und so abzulegen, dass Ihre Arbeiten erhalten bleiben und Sie sie leicht wiederfinden können. Sie erobern die Tastatur, damit Sie Texte schreiben können. Sie hören Musik mit dem Computer und verändern Ihren Bildschirmarbeitsplatz ganz individuell.

All das ist notwendig, damit Sie zum Beispiel später im Internet die neuesten Wetterdaten der nordischen Inseln erfahren oder mit Ihrem Enkel ein Spiel spielen können.

Ein Tipp vorab:

> Wenn etwas nicht gleich so funktioniert, wie Sie es gerne hätten: Gehen Sie in die Küche, kochen Sie sich einen Tee oder Kaffee und nehmen etwas Abstand. Seien Sie milde mit sich, seien Sie milde mit Ihrem Computer. Er ist ein komplexes *Ding* und es bedarf der Ruhe und etwas Geduld, ihn zu verstehen und damit umgehen zu können.

Ich wünsche Ihnen viel Freude mit Ihrem Computer und gutes Gelingen.

Ihre

Bettina van Bevern

Den Computer einschalten – der erste Kontakt mit Windows

Los geht's

- In diesem Kapitel erfahren Sie, was Sie auf dem Bildschirm sehen, wenn Sie den Computer eingeschaltet haben,
- wofür Sie das *Betriebssystem Windows* brauchen,
- was die Fachbegriffe *Desktop, Taskleiste, Icon, Start*-Button und *Start*-Menü zu bedeuten haben.

Das erste *Hallo*

Wenn Sie Ihren Computer einschalten, müssen Sie eine Weile warten, bis er Ihre Befehle verarbeiten kann. Falls Sie es nicht wissen, wie man es macht, können Sie am Ende dieses Buches im Kapitel *„Ihr Computer und seine Bestandteile"* nachschauen. Der PC macht zunächst eine Art Selbstdiagnose und prüft, ob alle Geräte vorhanden und einsetzbar sind: Ob die Festplatte noch da ist und funktioniert. Ob Maus und Tastatur angeschlossen sind und das Betriebssystem *Windows* auf der Festplatte gespeichert ist. Dieses lädt er dann in seinen Arbeitspeicher, damit Sie mit ihm arbeiten können.

Was Sie dann auf dem Bildschirm sehen, ist typisch für das *Betriebssystem Windows*. Durch *Windows* können Sie Tastatur und Maus verwenden. Windows *übersetzt* Ihre Aktionen in die Sprache, die ein Computer versteht.

Windows regelt den Betrieb Ihres Computers und kennt alle angeschlossenen Geräte. Dadurch können Sie einen Brief ausdrucken oder sich zwischendurch im Internet tummeln.

Das Programm *Windows* gibt es inzwischen in mehreren Versionen. Die aktuellste Version für den Heimgebrauch, die es seit Oktober 2001 gibt, heißt *Windows XP Home Edition*. Das XP steht für eXPerience (Erfahrung). Vielleicht haben Sie Ihren Computer schon etwas länger und dadurch eine andere *Windows*-Version, z.B. *Windows Millennium (Me)* oder *Windows 98*.

Alles, was Sie in diesem Buch lernen, können Sie mit dem Windows auf Ihrem Rechner auch nachvollziehen. Die Grundfunktionen haben sich nicht geändert, nur manche Symbole sind moderner gestaltet.

Sollte es in den Anleitungen große Unterschiede zwischen den Windows-Versionen geben, so werden Sie explizit darauf hingewiesen.

RAT

Wenn Sie nicht genau wissen, welche Windows-Version Sie nutzen, dann achten Sie beim Startvorgang Ihres Computers genau auf den Bildschirm. Während des Startvorganges wird die Windows-Version angezeigt.

Der Desktop

Sie haben Ihren Computer eingeschaltet und ein wenig gewartet – nun ist er bereit. Sie sehen auf dem Monitor ein Bild. Dieses Bild ist der *Desktop*. *Desktop* bedeutet *Schreibtisch*. Alle Computerbenutzer sagen *Desktop*.

Da die Computerindustrie hauptsächlich in den USA weiterentwickelt wird und die internationale Sprache Englisch ist, haben Computernutzer viel mit englischen Bezeichnungen zu tun. Sie werden einige dieser Fachbegriffe lesen; für's bessere Verständnis werden sie ins Deutsche übersetzt.

In allen Zeitschriften und Büchern über Computer werden Sie diese Fachbegriffe wiederfinden – und verstehen!

Der *Windows XP-Desktop* – bunt und mit einem schönen Bild im Hintergrund

Der *Windows Me-Desktop* – schlicht und klar

Der *Windows 98-Desktop*

Der *Desktop* ist die Startposition, von der aus Sie alles machen. Wie ein Schreibtisch, an dem Sie sitzen und auf dem mehrere Aktenordner liegen. Vom *Desktop* aus gehen Sie z.B. in das Textverarbeitungsprogramm oder ins Internet oder ein Malprogramm.

Es kann sein, dass Ihr Bildschirm einige andere Symbole zeigt als oben abgebildet. Ein Computer wird im Laufe der Zeit ein persönliches Arbeitswerkzeug und jeder Mensch hat andere Vorlieben und andere Programme, Farben und Bilder. Vielleicht haben Sie Ihren Computer bei einem Hersteller gekauft, der den Rechner so installiert hat, dass Firmen-Logos auf dem Bildschirm zu sehen sind. Das ist nicht schlimm sondern einfach nur anders.

Jeder Computer mit dem Betriebssystem *Windows* hat allerdings auch gleiche Symbole, die zu Windows gehören und nicht veränderbar sind. Mit diesen Symbolen werden Sie nach der Lektüre der nächsten Seiten vertraut sein.

Die Symbole Ihres Desktops

Die Bildchen auf Ihrem Desktop heißen Symbole oder auch Icon (Icon heißt Bildchen; sprich: *Eiken*).

Jeder Computer mit Windows hat identische Symbole auf dem Desktop, z.B. das Icon *Arbeitsplatz*, das Sie hier in Windows XP sehen.

Hinter dem Symbol *Arbeitsplatz* verbirgt sich eine schematische Darstellung Ihres kompletten Computers. Mit diesem Symbol bekommen Sie eine Ansicht auf Ihren Bildschirm, in der Sie alle angeschlossenen *Laufwerke* (Diskettenlaufwerk, Festplatte, CD-ROM-Laufwerk, CD-Brenner etc.) sehen und benutzen können. Denn in Zukunft werden Sie öfter nachsehen wollen, was auf Ihrer CD drauf ist.

Über das Symbol *Eigene Dateien* können Sie den Inhalt des gleichnamigen Ordners einsehen. Das Symbol *Eigene Dateien* ist eine Verknüpfung mit dem Ordner *Eigene Dateien*. Dieser Ordner ist auf jedem PC vorhanden.

Ein *Ordner* ist ein Ort, an dem Sie Ihre Dateien - z. B. Texte, Musik, Bilder - ablegen (dazu an anderer Stelle mehr). Der Ordner *Eigene Dateien* befindet sich auf der Festplatte und über das Desktop-Symbol können Sie schnell und ohne Umwege schauen, was alles darin ist.

Das Symbol *Papierkorb* steht für den Papierkorb. Dateien (Texte, Bilder, Musik etc.), die Sie nicht mehr brauchen, *löschen* Sie und befördern Sie dadurch in den *Papierkorb*.

Genau wie an einem richtigen Schreibtisch können Sie aus dem Papierkorb etwas wieder herausholen (der Vorteil bei diesem Papierkorb ist: die Texte sind nicht zerknüllt). Das *Herausholen* nennt man *Wiederherstellen*.

Der Papierkorb auf dem Desktop sollte auch regelmäßig geleert werden. Die Aufnahmekapazität des Papierkorbes ist nämlich begrenzt! Ist sie einmal überschritten, können Dateien richtig gelöscht werden. Dies geschieht dann allerdings automatisch, ohne Ihr Zutun und ohne Ihr Wissen. Wenn Sie den Papierkorb regelmäßig leeren, sind die Daten zwar auch weg, aber Sie haben wenigstens die Kontrolle darüber, ob und wann sie verschwinden.

Unten auf dem Bildschirm Ihres Computers sehen Sie eine grüne Leiste (bei älteren *Windows*-Versionen ist sie grau), die *Taskleiste*. *Task* bedeutet *Aufgabe*. Hier können Sie erkennen, an wie vielen und welchen Aufgaben Sie parallel arbeiten.

Die Taskleiste befindet sich standardmäßig am unteren Bildschirmrand und bleibt in der Regel immer sichtbar (auch bei gestarteten Programmen).

Die Taskleiste (im Moment ist hier noch nicht sehr viel los)

Links in der Taskleiste, Sie haben es sicher schon gesehen, steht das Wort *Start* auf dem *Start*-Button. *Button* heißt *Knopf* und wird *batten* gesprochen; sinngemäß übersetzt heißt dies *Schaltfläche/ Bedienelement*.

Hinter diesem Button verbergen sich sehr wichtige Funktionen Ihres Computers – vor allen Dingen die Funktion *Ausschalten*! Dies geschieht nämlich nicht über einen mechanischen Knopf, sondern über den *Start*-Button in der *Taskleiste*. Paradoxerweise muss man auf *Start* klicken, wenn man die Sitzung am Rechner beenden bzw. ihn ausschalten will.

Über den *Start*-Button erreichen Sie außerdem z.B. die Textverarbeitung oder andere Programme. Sie öffnen damit das so genannte *Start*-Menü.

Der *Start*-Button von *Windows XP*

Der *Start*-Button von *Windows Me* und *98*

Jetzt kennen Sie die wichtigsten Symbole auf dem Desktop. Vielleicht fragen Sie sich, *Was mache ich mit den Kenntnissen, die ich bisher erworben habe?* Bitte haben Sie Geduld. Sie sind eingeladen, dem nächsten Lernschritt zur Entdeckung Ihres Computers zu folgen.

Zur Erinnerung

- Sie müssen eine Weile warten, bis der PC nach dem Einschalten bereit ist.
- Das erste Bild auf dem Monitor nennt sich *Desktop*.
- Von dem *Desktop* aus starten Sie alle Aktivitäten.
- Die Symbole auf dem Desktop heißen auch *Icons.*
- Die untere Leiste auf dem Monitor heißt *Taskleiste.*
- In der *Taskleiste* ganz links gibt es den *Start*-Button.
- *Button* bedeutet *Knopf* bzw. *Schaltfläche/Bedienelement.*

Die Maus, das *Start*-Menü und andere Entdeckungen

Los geht's

- In diesem Kapitel lernen Sie mit der Maus umzugehen,
- Sie lernen das *Start*-Menü kennen und nutzen und
- Sie machen eine kleine Mausübung, die Spaß macht.

Die Maus

Mit der Maus bewegen Sie einen Zeiger, der auf dem Bildschirm sichtbar ist. Mit der Maus geben Sie dem Computer Befehle.

Die Maus hat zwei oder sogar drei Tasten. Am Wichtigsten für Sie ist jetzt die *linke* Maustaste. Die anderen Tasten werden später erläutert.

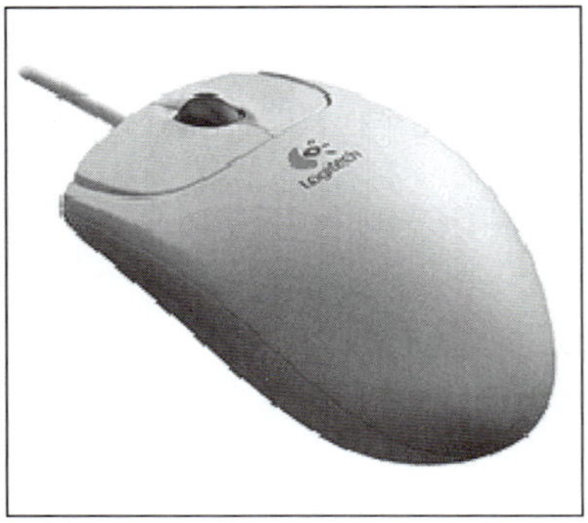

Eine Computermaus

Der Mauszeiger

Die Handhabung der Maus – es geht leicht!

Die Maus liegt rechts oder links von Ihrer Tastatur auf einer Unterlage. Die Unterlage heißt *Mousepad* - gesprochen *mauspäd.*

Legen Sie Ihre Hand auf die Maus. Und zwar so, dass Ihr rechter Zeigefinger sanft auf der linken Maustaste, Ihr Mittelfinger auf der mittleren oder rechten Maustaste ruht. Ringfinger und kleiner Finger liegen rechts neben der Maus. Ihr Daumen liegt links neben der Maus. Diese Angaben gelten für Rechtshänder. Linkshänder handhaben die Maus entsprechend - mit umgekehrten Seitenangaben. Jede Maus kann für Linkshänder eingestellt werden!

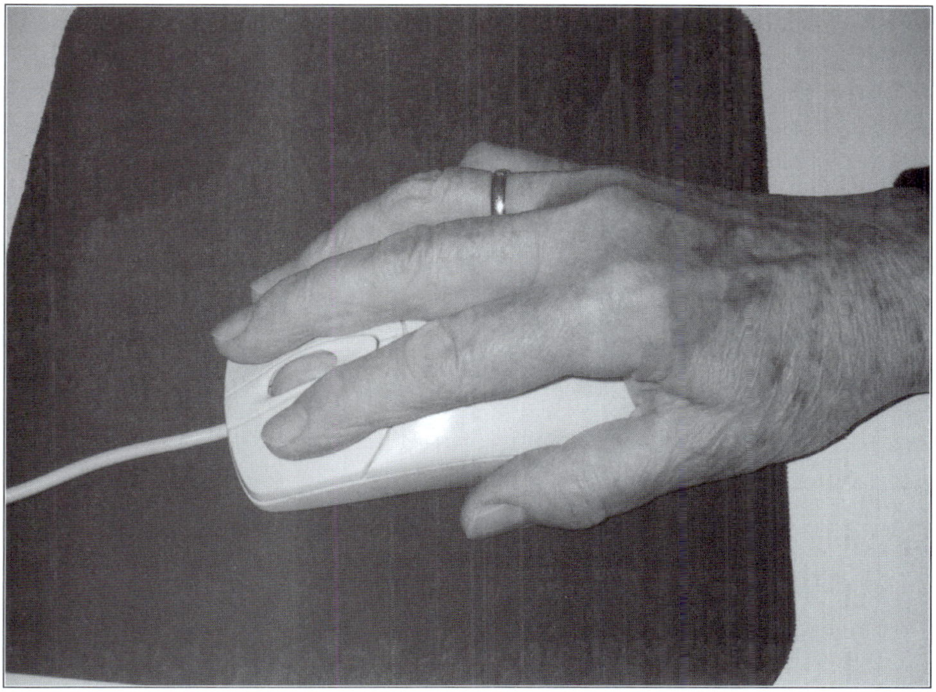

So entspannt lässt sich die Maus ganz einfach steuern

Mit Daumen, Ringfinger und kleinem Finger führend, bewegen Sie die Maus leicht auf dem Pad in beliebige Richtungen. Handgelenk und Unterarm liegen dabei locker auf dem Tisch

Auf dem Bildschirm sehen Sie den Mauszeiger! Vielleicht müssen Sie ein bisschen suchen. Es ist ein weißer Pfeil, der nach links oben zeigt.

Bewegen Sie die Maus nun bitte langsam auf dem Mauspad und beobachten, wie sich der weiße Pfeil auf dem Bildschirm parallel zu Ihren Bewegungen bewegt.

Das Drücken einer Maustaste (Ihre nächste Übung!) nennt man übrigens *Klicken* und in der Sprache der Computernutzer könnten Sie aufgefordert werden, *das Icon auf dem Desktop anzuklicken*.

Das *Start*-Menü mit der Maus öffnen

Sie wissen es bereits: Hinter dem *Start*-Button in der Taskleiste verbirgt sich das *Start*-Menü. Sie können es entweder mit der Maus oder mit der Tastatur aufrufen.

Die meisten Menschen benutzen die Maus zum Öffnen des *Start*-Menüs. Jetzt sind Sie an der Reihe:

Bewegen Sie den Mauszeiger auf den *Start*-Button in der Taskleiste und lassen Sie ihn dort verweilen. Klicken Sie einmal mit dem Zeigefinger kurz auf die linke Maustaste. Das *Start*-Menü klappt auf. Klicken Sie noch einmal in gleicher Weise auf den *Start*-Button, verschwindet das *Start*-Menü wieder.

Ist Ihnen aufgefallen, dass sich der *Start*-Button visuell tatsächlich wie ein Knopf verhält?

RAT

Unterscheiden Sie von Anfang an zwischen kurzen Klicks und längerem Drücken der Maustaste. Ein kurzer Klick ruft eine andere Funktion hervor als längeres Drücken der Maustaste.

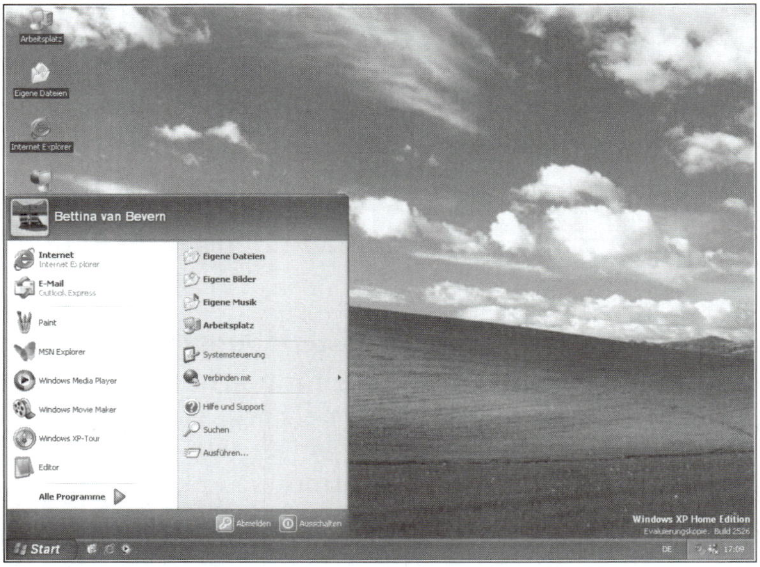

Das *Start*-Menü von *Windows XP*

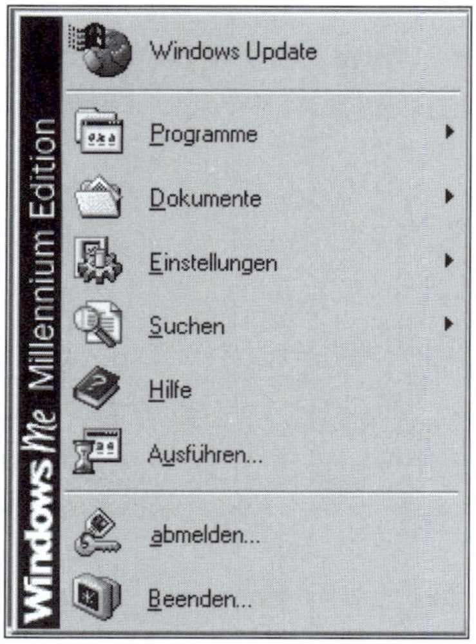

Das *Start*-Menü von *Windows Me*

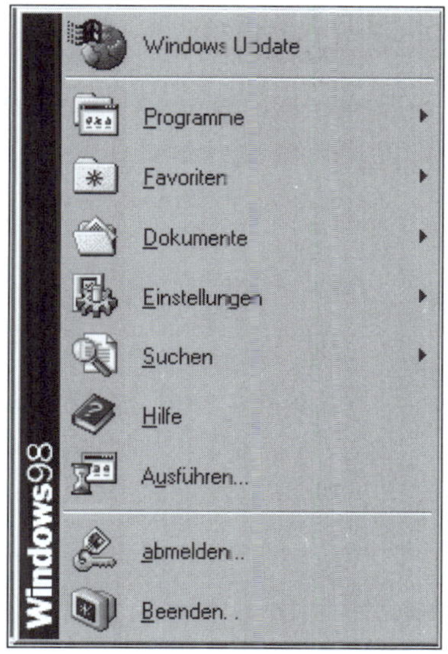

Das *Start*-Menü von *Windows 98*

Das *Start*-Menü mit der Tastatur öffnen

Drücken Sie bitte auf Ihrer Tastatur die ⊞-Taste, die Sie unten links und unten rechts auf der Tastatur finden (es gibt sie zweimal – für die linke und für die rechte Hand).

Diese Taste funktioniert nur unter Windows und ist speziell dafür eingerichtet worden, das *Start*-Menü aufzurufen.

Um das *Start*-Menü wieder zu schließen, drücken Sie wieder kurz die ⊞-Taste. Auch mit der Esc-Taste können Sie das *Start*-Menü wieder schließen. Die Esc-Taste ist ganz oben links auf der Tastatur und sieht so aus: Esc. (*ESC* ist die Abkürzung für *escape* das heißt *flüchten*; sprich: *eskäip*). Die Esc-Taste hat nur eine Funktion: Sie hilft Ihnen, eine Situation zu beenden.

Das kann wichtig werden, wenn Sie in einem Arbeitsschritt nicht vorankommen oder etwas auf dem Bildschirm sehen, dessen Herkunft Sie nicht deuten können. Die Esc-Taste stellt die Ausgangssituation wieder her, in der Sie sich zurecht finden, dies klappt allerdings leider nicht immer.

Das *Start*-Menü

Ein Menü bietet seinem Wesen nach eine Auswahl an. Das ist auf Ihrem Computer nicht anders als im Restaurant.

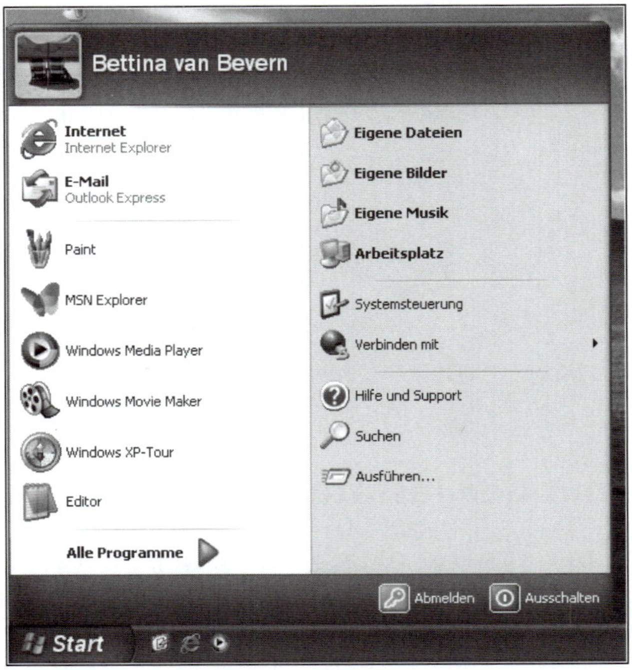

Das *Start*-Menü von *Windows XP*

Das *Start*-Menü von *Windows XP* unterschiedet sich deutlich von denen von *Windows Me* oder *Windows 98*. Die Grundfunktion ist allerdings geblieben.

Sie sehen, die Auswahl ist groß. Nicht alle Menüpunkte werden für Sie wichtig sein. Vielgenutzt ist der Punkt *Alle Programme*, worunter Sie alle Programme finden, wie Textverarbeitung, Internet, Grafikprogramme etc., die auf der Festplatte installiert sind.

RAT

In *Windows Me* und *Windows 98* heißt der Menüpunkt *Alle Programme* nur *Programme*.

Rufen Sie das *Start*-Menü bitte auf. Bewegen Sie den Mauszeiger in diesem Menü langsam nach oben und unten.

Sie sehen, dass dort, wo Sie den Mauszeiger hinbewegen, ein blauer Balken erscheint. Sie können also genau verfolgen, wohin Ihr Mauszeiger in diesem Menü gerade zeigt. Dieses Prinzip wird Ihnen noch oft in anderen Zusammenhängen begegnen.

Und noch etwas fällt beim Bewegen des Mauszeigers in dem Menü auf: Manchmal erscheinen *Untermenüs*. Das geschieht immer dann, wenn Sie an einen Menüpunkt gelangen, der mit einem kleinen, schwarzen Pfeil gekennzeichnet ist (oder einem dicken grünen Pfeil, wie bei *Alle Programme* in *Windows XP*). Das bedeutet immer: *Hier gibt's noch mehr zu entdecken!*

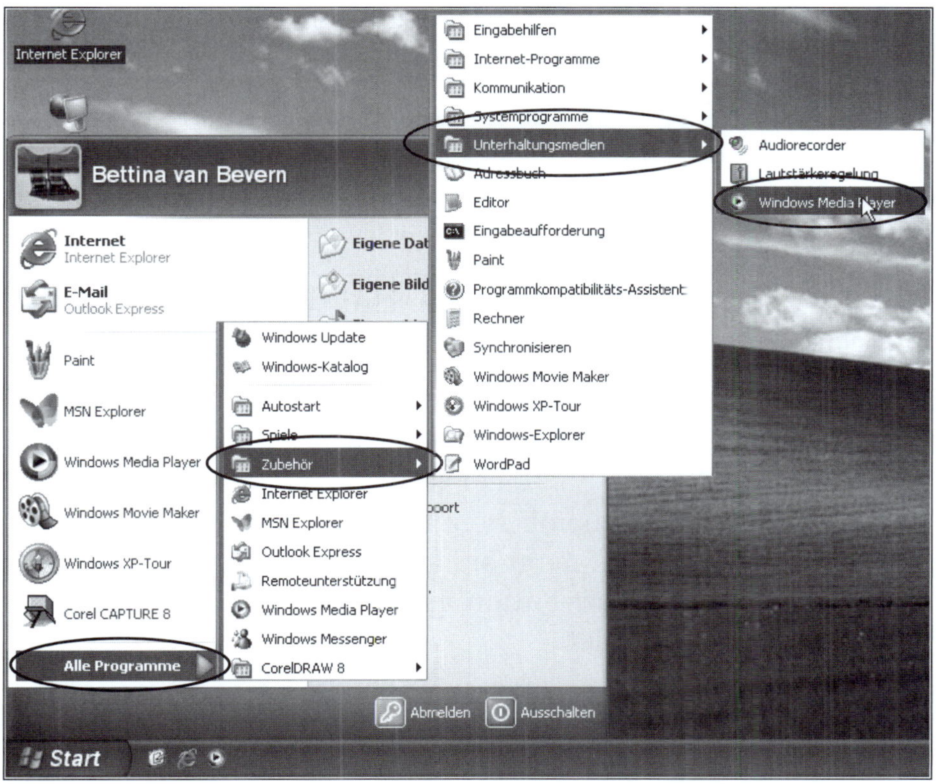

Viele Untermenüs im *Start*-Menü

Der Weg in die Untermenüs

Um in die Untermenüs zu gelangen, bedarf es einer ruhigen Hand. Eine ruhige Hand erhält man nur durch Üben!

Zeigen Sie bitte im *Start*-Menü mit dem Mauszeiger auf *Alle Programme*. Ein Untermenü erscheint. Folgen Sie mit dem Mauszeiger dem Balken von *Alle Programme* nach rechts in das Untermenü. Dabei ist der blaue Balken Ihre Führungslinie. Wenn Sie diese verlassen, gelangen Sie rasch in ein anderes Untermenü und so können Sie sich leicht *verlaufen!*

Folgen Sie dem blauen Balken also mit dem Mauszeiger, gelangen Sie in das Untermenü und dort, wo der Mauszeiger sich befindet, erscheint wiederum ein blauer Balken. Bewegen Sie in dem Untermenü den Mauszeiger auf und ab. Auch hier erscheinen neue Untermenüs, auch zu diesen gelangen Sie durch Verfolgen des blauen Balkens mit dem Mauszeiger.

Das Prinzip des *Start*-Menüs ist es also, durch das Bewegen des Mauszeigers eine Übersicht über die Pogramme zu erhalten und die gesuchte Funktion zu erreichen.

RAT

> Bewegen Sie den Mauszeiger langsam und bedacht. Manchmal kommt es auf Millimeter an, um das Gewünschte auszuwählen.

Jetzt haben Sie wahrscheinlich eine Menge *Menü* auf dem Bildschirm, welche Sie nicht mehr brauchen. Bitte kehren Sie mit dem Mauszeiger auf den *Start*-Button zurück. Sie sehen, die Untermenüs verschwinden wieder.

Bitte schließen Sie das *Start*-Menü durch einen kurzen Klick auf den *Start*-Button.

Vielleicht ist Ihnen aufgefallen, dass Sie nicht ein einziges Mal in den Menüs geklickt haben! Alle Menüpunkte können Sie ohne Mausklick erreichen. Wichtig: Sie öffnen sich durch das Zeigen mit dem Mauszeiger.

Mausübung

Die folgenden Übungen werden Ihnen manchmal ein Schmunzeln entlocken – und Ihren Umgang mit der Maus sehr erleichtern!

Sie üben mit dem Programm *Paint*. Das ist ein kleines Malprogramm, welches zu Windows gehört. Mit diesem Programm können Sie auf eine lustige Art und Weise spielerisch lernen, mit der Maus umzugehen. Beginnen Sie damit, das Programm *Paint* zu starten.

Schritt für Schritt – kleine Mausübung mit *Paint*

1 Bewegen Sie den Mauszeiger auf dem Bildschirm nach unten links auf den *Start*-Button.

2 Klicken Sie einmal kurz und prägnant mit der linken Maustaste ohne dass sich die Maus dabei bewegt (das *Start*-Menü klappt auf).

3 Bewegen Sie den Mauszeiger auf das Wort *Alle Programme*. In *Windows Me* und *98* heißt es *Programme* (es wird blau unterlegt und ein neues Untermenü erscheint).

4 Folgen Sie mit dem Mauszeiger – durch die Zeile *Alle Programme* hindurch – dem blauem Balken nach rechts in das neue Untermenü.

5 In diesem Untermenü zeigen Sie mit dem Mauszeiger auf das Wort *Zubehör* (es wird blau unterlegt und es erscheint ein weiteres Untermenü).

6 Folgen Sie mit dem Mauszeiger dem blauem Balken nach rechts in das neue Untermenü.

7 Zeigen Sie mit dem Mauszeiger auf das Wort *Paint* (es ist das Programmsymbol für *Paint*) in diesem Menü.

8 Drücken Sie mit Ihrem Zeigefinger einmal kurz und prägnant auf die linke Maustaste, ohne die Maus dabei zu bewegen. Man sagt auch: *Klicken Sie auf das Programmsymbol von Paint.*

9 Voilà - Sie haben soeben das Programm *Paint* gestartet!

So können Sie jedes Programm aus dem Menü *Alle Programme* starten. Jedes Symbol in diesem Menü entspricht einem Programm (fast immer). Ein Klick mit der linken Maustaste - kurz und prägnant - startet das jeweilige Programm. Sehr wichtig: Die Maus darf während des Klickens nicht bewegt werden!

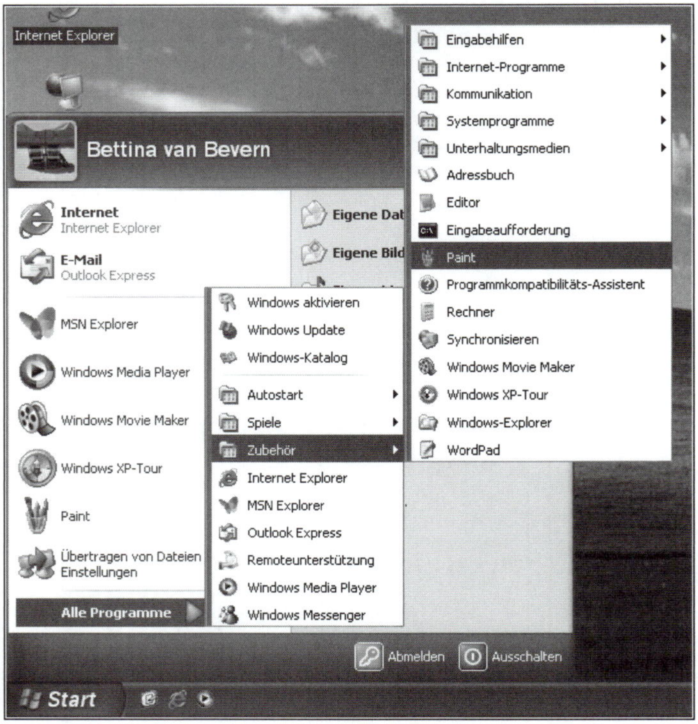

So sieht der Weg zu *Paint* aus

So sieht der Bildschirm mit *Paint* aus

Sie sehen *Paint* auf dem Desktop

Sollte *Paint* auch auf Ihrem Desktop so klein angezeigt werden, wie oben in dem Beispielbild, dann vergrößern Sie bitte die Ansicht des Programms, indem Sie auf die *Maximieren*-Schaltfläche klicken. Den Button finden Sie oben rechts.

Jetzt sollte *Paint* auf Ihrem Bildschirm so aussehen:

Sie sehen *Paint* ganz groß

Der Mauszeiger wird in *Paint* ein Wunderwerkzeug

Bewegen Sie die Maus und dadurch den Mauszeiger! Sie sehen: innerhalb der weißen Fläche verändert er sich. Der Mauszeiger wird zu einem Zeichenstift. Gehen Sie mit diesem Stift aus der weißen Fläche wieder heraus, dann ist der Mauszeiger wieder der gewohnte Pfeil. Der Stift auf der Fläche signalisiert Ihnen, dass Sie dort etwas tun können, nämlich zeichnen.

Kleiner Test:

Bewegen Sie den Mauszeiger auf die weiße Fläche (der Stift erscheint), halten Sie mit dem Zeigefinger die linke Maustaste gedrückt, bewegen Sie nun die Maus willkürlich hin und her. Auf der Fläche entstehen Linien – Sie zeichnen!

Zeichnen können Sie also mit gedrückter linker Maustaste. Lassen Sie die Taste wieder los, zeichnet der Stift nicht mehr und Sie können an einer anderen Stelle wieder ansetzen. OK, das war der Test.

Für eine weitere kleine Mausübung räumen Sie zunächst die Bildschirmoberfläche auf – Sie löschen das Bild mit den Linien.

Schritt für Schritt – Bild löschen

1 Bewegen Sie den Mauszeiger an die Oberkante des Bildschirmes auf das Wort *Bild* und klicken einmal kurz und prägnant die linke Maustaste.

2 Es erscheint ein Menü, in dem an fünfter Stelle von oben *Bild löschen* steht.

3 Bewegen Sie den Mauszeiger auf *Bild löschen* und klicken Sie wieder einmal kurz und prägnant mit der linken Maustaste. Sie wissen ja schon, dass Sie beim Klicken die Maus nicht bewegen dürfen.

So sieht der Arbeitsschritt aus

4 Das Liniendurcheinander ist nun weg – Sie haben das Bild gelöscht.

Nun eine kleine Aufgabe für Sie:

Bitte zeichnen Sie ein Strichmännchen! Das Strichmännchen hat fünf voneinander unterscheidbare Finger. Es hat einzelne Haare auf dem Kopf (kein Wollwirrwarr – das wäre zu einfach) und natürlich auch Schuhe oder Füße. Manchmal haben Strichmännchen auch Blumen in der Hand.

Sie werden rasch lernen, mit der Maus umzugehen. Selbstverständlich können Sie auch andere Zeichnungen anfertigen – doch nehmen Sie sich nicht zuviel auf einmal vor. Einzelne Haare zu zeichnen, kann manchmal zum Haare raufen sein!

Viel Spaß beim Ausprobieren!!

RAT

Lassen Sie sich bitte Zeit, um sich mit der neuen Situation vertraut zu machen.

Erweiterte Spaßfaktoren zur kleinen Mausübung

In *Paint* können Sie natürlich nicht nur schwarz-weiß malen. Damit Sie noch mehr Freude am Zeichnen finden, erhalten Sie in den nächsten Zeilen nähere Erläuterungen, wie Sie mit Farben zeichnen, einen verunglückten Strich wegradieren und auch mal mit einer Sprühdose klecksen.

Mit Farben zeichnen

In *Paint* sehen Sie am unteren Bildschirmrand eine Menge von Farben. Das ist Ihre *Farbpalette*. Alle Farben können Sie nacheinander zum Zeichnen auswählen. Und zwar, indem Sie mit dem Mauszeiger (er wird wieder zu einem Pfeil) auf eine Farbe Ihrer Wahl zeigen und einmal kurz und prägnant mit der linken Maustaste klicken.

Durch das Klicken wählen Sie eine Farbe aus, können mit Ihrem Stift wieder auf die Arbeitsfläche gehen und wie gewohnt weiterzeichnen – nur eben mit einer anderen Farbe.

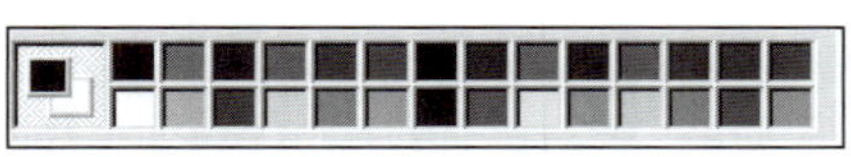

Die Farbpalette von *Paint*

Sie können so oft die Farbe wechseln, wie Sie mögen. Ist Ihre Lieblingsfarbe dabei? Probieren Sie einfach verschiedene Farben aus.

Mit einem anderen Werkzeug malen

Sicherlich möchten Sie als Künstler auch mal mit einem anderen Werkzeug malen. Das ist für *Paint*, für Ihren Computer, kein Problem. Am linken Bildschirmrand finden Sie in der *Toolbox* (sprich: *tuhlbox*), zu deutsch *Werkzeugkiste*, viele Werkzeuge zur Auswahl.

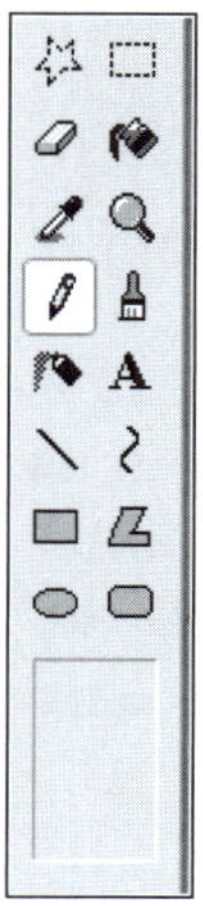

Die Werkzeugkiste von *Paint*

Jedes Symbol in der Toolbox steht für ein bestimmtes Werkzeug. Nicht alle Werkzeuge sind zum Malen gedacht.

Wenn Sie aufmerksam auf die Toolbox schauen, fällt Ihnen auf, dass es den Zeichenstift, mit dem Sie gerade gezeichnet haben, als Symbol gibt. Das Symbol des Stiftes ist heller als die anderen. Man könnte meinen, das Symbol sei als ein Knopf (Button, sprich: *batten*) heruntergedrückt. Durch diese Visualisierung sehen Sie deutlich, dass dieses Werkzeug aktiv und in Gebrauch ist Dieses grafische Prinzip – virtuelle Knöpfe – finden Sie häufig bei der Arbeit mit Ihrem Computer und Ihren Programmen.

Das Werkzeug *Airbrush* auswählen

Das Symbol unter dem Stift in der Werkzeugleiste nennt sich *Airbrush*, was man als *Sprühdose* übersetzen könnte (eigentlich heißt es wörtlich übersetzt *Luftpinsel*).

Mit *Airbrush* können Sie größere Flächen mit Farbe besprühen. Ihr *Airbrush-Werkzeug* verhält sich wie eine Sprühdose. Das Werkzeug erzeugt einen Sprühnebel und die Fläche, die Sie besprühen, wird nicht gleichmäßig farbig, sondern nur partiell (es sei denn, Sie sprühen so lange auf die selbe Stelle, bis alles voller Farbe ist).

So wählen Sie den *Airbrush* als Werkzeug aus:

Bewegen Sie den Mauszeiger (er wird in der Werkzeugleiste wieder zu einem Pfeil) auf das *Airbrush*-Symbol. Lassen Sie den Mauszeiger dort verweilen und klicken Sie einmal kurz mit der linken Maustaste. Voilà – Sie haben das *Airbrush-Werkzeug* ausgewählt.

Woran Sie das erkennen können? Bewegen Sie einfach den Mauszeiger auf das Arbeitsblatt und Sie werden sehen, dass er nun zu einer Sprühdose wird. Außerdem können Sie in der Toolbox erkennen, dass Ihr *Airbrush*-Symbol nun heller ist (es sieht aus, wie ein heruntergedrückter Knopf). Ihr *Stift*-Symbol in der Leiste sieht hingegen nicht heruntergedrückt aus.

Malen können Sie mit dem *Airbrush* genauso, wie Sie es schon vom *Zeichenstift* her kennen: Mit gedrückter linker Maustaste auf dem Arbeitsblatt.

Das Radierwerkzeug – gut, dass es das gibt

Ja, jeder Künstler rutscht schon mal mit seinem Werkzeug aus. Für diese Fälle gibt es glücklicherweise den *Radiergummi*.

Drei Symbole oberhalb des *Airbrushes* gibt es in der Toolbox einen *Radiergummi*.

Dieses Werkzeug aktivieren Sie genauso, wie Sie es bei *Airbrush* schon kennen gelernt haben. Sie bewegen den Mauszeiger auf das *Radiergummi*-Symbol, lassen ihn dort verweilen und klicken einmal kurz und prägnant die linke Maustaste.

Jetzt können Sie erkennen, dass das Symbol aussieht wie ein heruntergedrückter Knopf. Der Radiergummi ist aktiv!

Kehren Sie mit dem Mauszeiger wieder auf das Arbeitsblatt zurück, so sehen Sie, dass er sich in ein weißes Rechteck verwandelt hat. Mit gedrückter linker Maustaste können Sie den Radiergummi über Linien oder Flächen bewegen und diese dadurch wegradieren.

Wollen Sie wieder zeichnen, aktivieren Sie wieder ein anderes Werkzeug aus der Leiste – z. B. den *Stift*, indem Sie mit dem Mauszeiger darauf zeigen, verweilen und die linke Maustaste kurz und prägnant klicken.

Zeichnen macht Spaß

Das Programm *Paint* beenden

Wenn Sie sich mit der Maus ein wenig vertraut gemacht haben, dann brauchen Sie jetzt das Programm *Paint* nicht mehr. Sie speichern die Zeichnung noch nicht und beenden das Programm:

Schritt für Schritt – *Paint* beenden

1  Gehen Sie mit dem Mauszeiger in die obere rechte Bildschirmecke. Sie sehen einen Button mit einem X.

2 Klicken Sie einmal kurz und prägnant, während der Mauszeiger auf dem X verweilt und sich nicht bewegt, mit der linken Maustaste.

3 Sie werden jetzt eventuell gefragt *Änderungen an Unbenannt speichern?* – Bewegen Sie den Mauszeiger auf *Nein* und klicken Sie einmal kurz und prägnant mit der linken Maustaste.

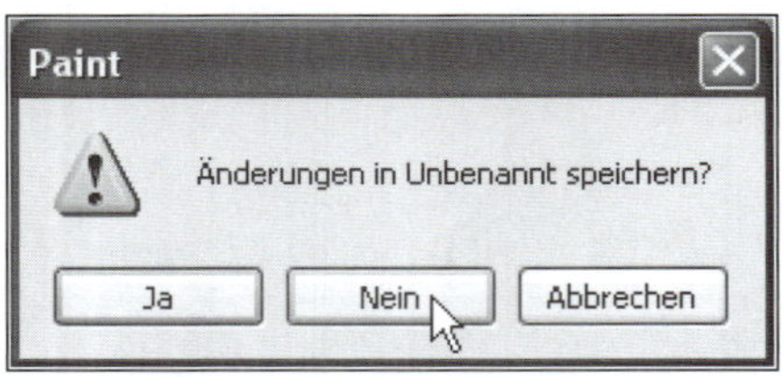

Klicken Sie auf *Nein*, wenn Sie diesen Hinweis lesen

4 Das Programm *Paint* verschwindet vom Bildschirm und der sieht wieder so aus, wie zu Anfang der Übung. Sie sehen den Desktop.

RAT

Wollen Sie nun Ihren Computer ausschalten, denken Sie bitte daran:

Der Computer sollte immer über den Desktop ausgeschaltet werden, nie über den Netzstecker oder den *Power*-Knopf. Wie Sie bereits wissen, klicken Sie paradoxerweise auf *Start*, um Ihre Arbeit mit dem Computer zu beenden.

Für die unterschiedlichen *Windows*-Versionen sieht das so aus:

Schritt für Schritt – den Computer ausschalten mit *Windows XP*

1 Klicken Sie in der Taskleiste auf den *Start*-Button – das *Start*-Menü erscheint.

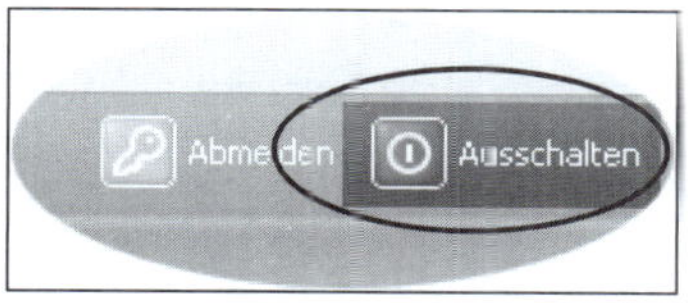

2 Unten rechts im *Start*-Menü sehen Sie *Ausschalten* – klicken Sie darauf.

3 Es erscheint eine neue Aufforderung mit *Neustart*, *Abmelden* und *Ausschalten* – klicken Sie auf *Ausschalten*.

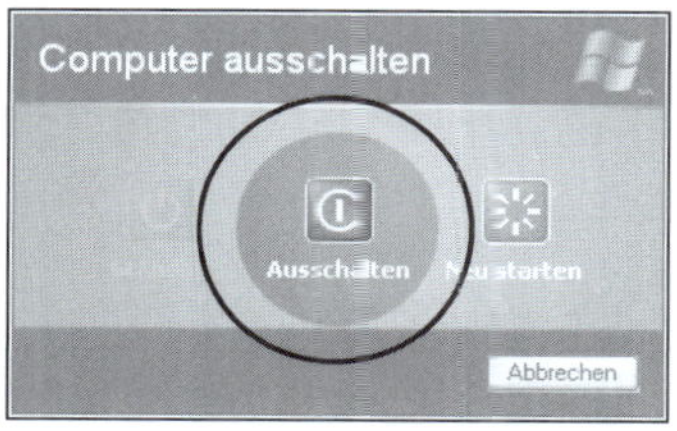

4 Warten Sie ein wenig und Ihr Computer schaltet sich automatisch ganz aus. Sie brauchen keinen anderen Schalter mehr zu betätigen, höchstens den des Bildschirms, wenn dieser nicht automatisch mit ausgeschaltet wird und eine separate Stromversorgung erhält.

Bitte schalten Sie Ihren Computer nach Möglichkeit immer auf diese Weise aus.

Schritt für Schritt – den Computer ausschalten mit *Windows Me*

1 Klicken Sie auf den *Start*-Button in der Taskleiste – das *Start*-Menü erscheint.

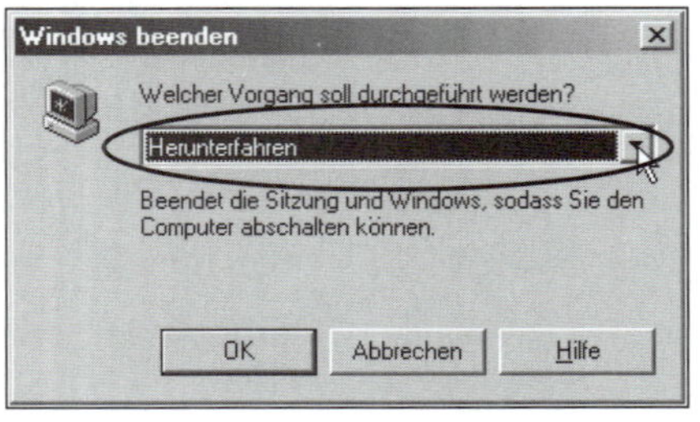

2 Unten im *Start*-Menü sehen Sie *Beenden* – klicken Sie darauf.

3 Steht in dem nun folgenden Dialog *Herunterfahren,* klicken Sie mit der linken Maustaste auf *OK*.

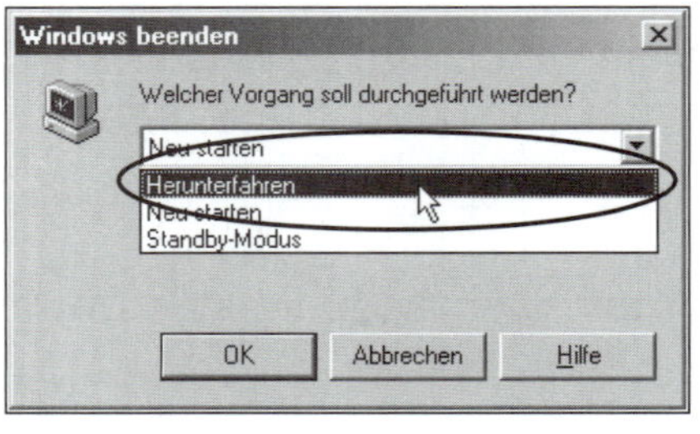

4 Steht etwas anderes in der blau unterlegten Zeile, dann klicken Sie auf das kleine schwarze Dreieck rechts neben der Zeile, es klappt eine Liste auf, in der *Herunterfahren* steht. Klicken Sie auf *Herunterfahren* und dann auf *OK*.

5 Warten Sie ein wenig und Ihr Computer schaltet sich automatisch ganz aus. Sie brauchen keinen anderen Schalter mehr zu betätigen, höchstens den des Bildschirms, wenn dieser nicht automatisch mit ausgeschaltet wird und eine separate Stromversorgung erhält.

Bitte schalten Sie Ihren Computer nach Möglichkeit immer auf diese Weise aus.

Schritt für Schritt – den Computer ausschalten mit *Windows 98*

1 Klicken Sie auf den *Start*-Button in der Taskleiste – das *Start*-Menü erscheint.

2 Unten in dem *Start*-Menü sehen Sie *Beenden* – klicken Sie darauf.

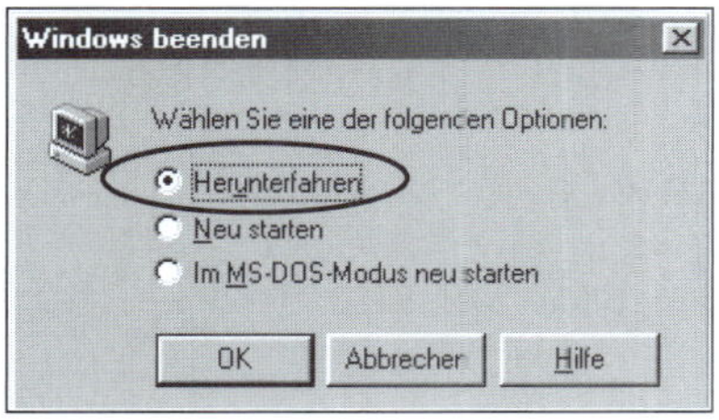

3 Es erscheint eine neue Aufforderung in der vor dem Wort *Herunterfahren* ein schwarzer Punkt zu sehen sein sollte. Sehen Sie diesen, klicken Sie auf *OK*.

4 Steht kein Punkt vor *Herunterfahren*, dann klicken Sie bitte auf das Wort *Herunterfahren* und ein Punkt davor erscheint. Klicken Sie dann auf *OK*.

5 Warten Sie ein wenig und Ihr Computer schaltet sich automatisch ganz aus, oder Sie werden auf dem Bildschirm aufgefordert, nun Ihren PC mit dem Netzschalter auszustellen.

Bitte schalten Sie Ihren Computer nach Möglichkeit immer auf diese Weise aus.

Zur Erinnerung

- Hinter dem *Start*-Button in der *Taskleiste* befindet sich das *Start*-Menü, mit dem Sie eine Programmauswahl treffen können.
- Durch einfaches Zeigen mit dem Mauszeiger auf einen Menüpunkt mit einem schwarzen (oder großen grünen) Pfeil erscheinen Untermenüs,
- mit dem Mauszeiger gehen Sie den blauen Balken entlang und gelangen in das jeweilige Untermenü.
- Durch einfaches Klicken auf ein Programmsymbol (Beispiel: *Paint*) starten Sie das dazugehörige Programm.
- Führen Sie die Maus behutsam und stetig mit der Hand.
- Die linke Maustaste bewirkt immer etwas.
- Wenn Sie zeichnen wollen, halten Sie die linke Maustaste gedrückt.
- Durch einen kurzen prägnanten Mausklick wählen Sie in *Paint* ein Werkzeug aus.
- Ein Klick mit der linken Maustaste auf das X oben rechts in der Programmansicht beendet das jeweilige Programm.
- Schalten Sie Ihren Computer stets über *Ausschalten* oder *Beenden* im *Start*-Menü aus.

Das Arbeiten mit Fenstern – *Windows* genannt

Los geht's

- In diesem Kapitel erfahren Sie, warum Windows *Windows* heißt,
- wie Sie das Aussehen der Fenster verändern können,
- und wozu das Verändern der Fenster nützlich sein kann.
- Außerdem lernen Sie, was sich in der *Taskleiste* abspielt, wenn Sie mehrere Fenster gleichzeitig geöffnet haben,
- wie Sie mit der *Taskleiste* und mehreren Fenstern arbeiten können,
- und wie Sie mithilfe einer Fensterübung mehr Sicherheit gewinnen.

Fenster

Das Betriebssystem Ihres Computers heißt *Windows* (sprich: *windoos*). *Windows* ist ein englisches Wort und bedeutet *Fenster*. Ihr Betriebssystem heißt aus gutem Grund *Windows*.

Alle Arbeiten, die Sie mit Ihrem Computer durchführen finden in sogenannten Fenstern statt. Wenn Sie ein Programm aufrufen, wie z.B. Paint, dann öffnet sich ein Fenster auf dem Bildschirm - ein Bereich, in dem sich das Programm darstellt und in dem Sie arbeiten. Ein Fenster kann sich über den ganzen Bildschirm ausbreiten oder auch nur einen Teil davon abdecken.

Wenn Sie ein Programm zum ersten Mal aufrufen, kann es sein, dass das Fenster sehr klein ist und Sie nicht genügend Arbeitsfläche haben. Sie haben allerdings Einfluss auf die Größe des Fensters.

Fenstertechniken

Der richtige Umgang mit Fenstern ist *Basiswissen* und erleichtert Ihnen die Arbeit mit dem Computer. In den nächsten Zeilen werden Sie anhand des Programmfensters von *Paint* den Umgang mit Fenstern erlernen.

Bitte starten Sie das Programm *Paint*.

Sie erinnern sich, wie es geht? Hier die Kurzform: *Start*-Button anklicken, *Alle Programme*, *Zubehör*, *Paint* anklicken. Wenn es nicht gleich klappt, schlagen Sie bei der kleinen Mausübung nach, dort finden Sie die genaue Erklärung.

Das Programmfenster von *Paint* müsste noch so aussehen:

Das Programmfenster von *Paint*

RAT

Die Prinzipien für den Umgang und das Arbeiten mit Fenstern gelten nicht nur für das Programm *Paint*. Sie verwenden das Ihnen bekannte *Paint*, um mit den Fenstertechniken vertraut zu werden. Diese gelten für jedes andere Programmfenster ebenso.

Bitte betrachten Sie das Fenster auf Ihrem Bildschirm. Es nimmt den gesamten Bildschirm ein, so wie oben gezeigt. Die einzelnen Bereiche des Fensters haben unterschiedliche Bezeichnungen.

Fensterbereiche

Ganz oben in der Bildschirmansicht sehen Sie eine blaue Leiste. In der Leiste steht links *Unbenannt – Paint*. Das ist die *Titelleiste* des Fensters.

Die *Titelleiste* von *Paint*

In der *Titelleiste* können Sie immer erkennen, wie die aktuelle Arbeit (bzw. die Datei – dazu an anderer Stelle mehr) heißt, deren Fenster Sie sehen. *Unbenannt* steht für Ihr momentanes Arbeitsblatt (das weiße Blatt Papier) in *Paint*. Da Ihr Bild noch keinen Namen hat und nicht gespeichert ist, heißt es *Unbenannt*.

Die zweite Information in der *Titelleiste* teilt Ihnen mit, wie das geöffnete Programm heißt – in diesem Fall *Paint*.

Unter der Titelleiste finden Sie die *Menüleiste*.

Die *Menüleiste*

Die *Menüleiste* bietet Ihnen *Optionen* (Auswahlpunkte) an, mit denen Sie z. B. etwas ausdrucken oder auch speichern können. Sie finden *Menüpunkte,* mit denen Sie etwas bearbeiten und bewirken können.

Die Menüleiste ist in jedem Programm etwas anders. Je nachdem, was und wieviel Sie mit einem Programm erarbeiten können, ist die Leiste entsprechend umfangreich.

In jeder Menüleiste sehen Sie die Begriffe *Datei* und *Bearbeiten,* denn hinter diesen Menüpunkten verbergen sich ganz elementare Funktionen, die in jedem Programm gebraucht werden.

Sie haben in *Paint* schon in der Menüleiste gearbeitet, nämlich mit dem Menüpunkt *Bild*. Sie haben sich durch Klicks mit der linken Maustaste alle Auswahlmöglichkeiten zum Thema *Bild* geholt und auf *Bild löschen* geklickt um das Arbeitsblatt von den gezeichneten Linien zu befreien.

Die Verwendung der Menüleiste in *Paint* sah so aus

Mit Buttons Fenster größer und kleiner werden lassen

Rechts oben in der Titelleiste sehen Sie drei Buttons (Zur Erinnerung: *Button* heißt Knopf und gemeint ist *Schaltfläche / Bedienelement*). Zwei der Buttons haben Sie schon einmal verwendet, nämlich einmal, um ein Fenster zu vergrößern und einmal, um ein Fenster zu schließen.

Diese Buttons finden Sie in fast jedem Fenster rechts oben in der Titelleiste

Alle drei Buttons sind wichtig für die Fenstergröße. Sie werden jetzt nacheinander alle drei kennen lernen.

Ein Fenster *minimieren*

Dieser Button heißt *Minimieren*

Sie können ein Fenster mit diesem Button so klein machen, dass es nicht mehr sichtbar ist. Das Fenster verschwindet nicht ganz. Es bleibt ein länglicher Button in der Taskleiste übrig (wichtig!).

Probieren Sie das jetzt bitte aus. Bewegen Sie den weißen Mauszeiger auf den *Minimieren*-Button und klicken Sie einmal mit der linken Maustaste darauf. Was sehen Sie jetzt, wenn Sie den Bildschirm betrachten? – Das Programmfenster von *Paint* scheint verschwunden zu sein. Geblieben ist lediglich ein länglicher Button in der Taskleiste.

Durch das *Minimieren* des Fensters haben Sie *Paint* in der Taskleiste *gelagert*. Es wartet darauf, dass es wieder aktiviert wird.

Diesen Button sehen Sie in der Taskleiste

Wenn Sie einmal auf diesen Button in der Taskleiste klicken (immer mit der linken Maustaste), dann ist das Programmfenster wieder in voller Größe auf dem Bildschirm.

Mit dem Button *Minimieren* können Sie also ein Fenster in Ihrer Taskleiste *parken*, um es zu einem späteren Zeitpunkt wieder ganz einfach aufrufen zu können.

Wichtig ist, dass Ihnen ein solcher Button in der Taskleiste immer sagt, dass noch eine Anwendung / ein Programm aktiv ist (es wird auch *aktive Anwendung* genannt), auch wenn Sie kein Fenster auf dem Bildschirm sehen können.

Auf dem Button können Sie meistens den Namen des geöffneten Programmes oder der geöffneten Arbeit lesen. Ist es in der Taskleiste zu eng, kann der Button kleiner ausfallen und Sie können den Namen nicht mehr ganz ausgeschrieben sehen.

Jeder Button zeigt außerdem ein kleines Symbol, an dem Sie erkennen können, wozu er gehört. Im Beispiel hat der Button ein Wasserglas mit Pinsel darin als Symbol für das Programm *Paint* (dieses Symbol finden Sie immer im Zusammenhang mit dem Programm *Paint*).

Das Symbol des Programmes *Paint*

Also: Ein Button in der Taskleiste bedeutet immer, dass noch etwas aktiv ist. Sie fragen sich jetzt vielleicht, wozu Sie das brauchen. Ein Beispiel wird Ihnen den Nutzen erläutern: Wenn ein Fenster den Bildschirm ganz einnimmt und Sie vom Desktop nur noch die Taskleiste sehen – wie schauen Sie dann zwischendurch nach, ob etwas im Papierkorb ist? Das geht nicht ohne weiteres, da das Fenster Ihren Papierkorb auf dem Desktop überdeckt.

Mit dem Button *Minimieren* können Sie das aktuelle Programmfenster in der Taskleiste *parken* und können daraufhin den *Papierkorb* öffnen, um seinen Inhalt zu betrachten. Danach können Sie das Programmfenster einfach per Mausklick auf den Button in der Taskleiste wieder aufrufen.

Ein Fenster *wiederherstellen*

Dieser Button heißt *Wiederherstellen*.

Das Wort *Wiederherstellen* ist in diesem Zusammenhang ein wenig missverständlich. *Wiederherstellen* bedeutet hier, dass das Fenster wieder in seiner ursprünglichen Größe angezeigt (wiederhergestellt) wird.

Füllt das Fenster von *Paint* den gesamten Bildschirm aus, so ist dies nicht seine ursprüngliche Größe. Sie erinnern sich, Sie hatten es vor der Mausübung ganz groß gemacht.

Klicken Sie einmal in *Paint* mit der linken Maustaste auf den Button *Wiederherstellen*. Sie sehen Folgendes:

Das Programmfenster von *Paint* in seiner ursprünglichen Größe *wiederhergestellt*

Diese *kleine* Variante des *Paint*-Fensters ist die ursprüngliche (die zuerst dagewesene).

Manchmal braucht man eine solche kleinere Ansicht eines Fensters, um den Inhalt des Fensters und die Icons auf dem Desktop gleichzeitig zu sehen.

Ein Fenster *maximieren*

Dieser Button heißt *Maximieren.*

Möglicherweise wundern Sie sich, denn der Button war vorher nicht da. Erst durch Ihren Klick auf *Wiederherstellen* hat sich dieser verändert und an seine Stelle ist jetzt der Button *Maximieren* getreten.

Mit einem Mausklick (linke Maustaste) auf diesen können Sie Ihr Fenster so vergrößern, dass es den kompletten Bildschirm einnimmt. Probieren Sie das jetzt bitte aus.

Sie sehen wieder Folgendes:

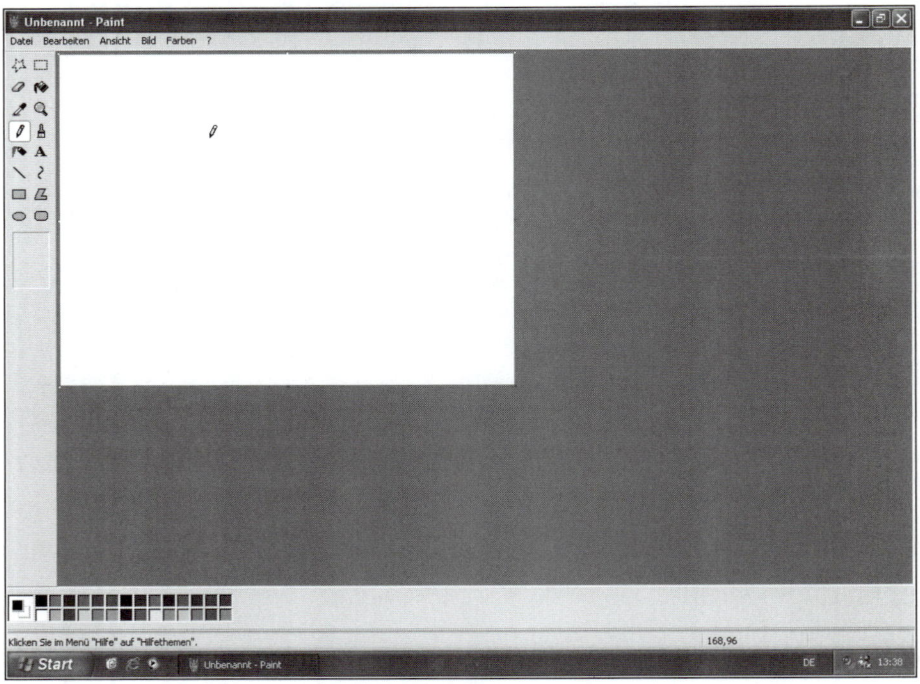

Das Paint-Fenster wieder ganz groß

RAT

Wenn Sie nicht genügend Platz für die Arbeitsfläche in einem Programmfenster haben, maximieren Sie das Fenster. So erhalten Sie die maximale Fenstergröße in der Ihre Arbeitsfläche gezeigt werden kann. Die Arbeitsfläche selbst vergrößert man in der Regel durch einen eigenen Menüpunkt – meist *Ansicht* – im Programm selbst.

Ein Fenster *schließen*

Dieser Button heißt *Schließen.*

Mit diesem Button können Sie ein Fenster schließen. Sie haben ihn bereits in der Mausübung verwendet – zum Beenden des Programmes *Paint.*

Immer, wenn Sie ein Fenster schließen, beenden Sie auch automatisch das Programm! Probieren Sie jetzt bitte den Button *Schließen* aus (klicken Sie mit der linken Maustaste einmal darauf).

Sie werden vor dem endgültigen Schließen des Fensters eventuell gefragt *Änderungen in Unbenannt speichern?*. Das ist ein Hinweis darauf, dass seit dem Start von *Paint* etwas an der Arbeitsfläche verändert wurde.

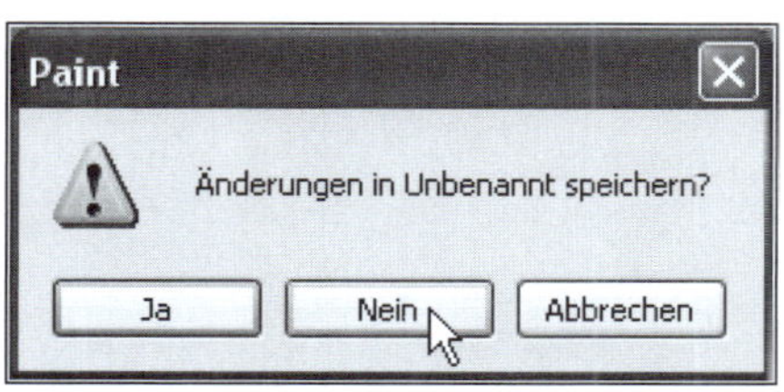

Der Hinweis, der fragt, ob Sie speichern möchten oder nicht

Die Veränderung kann schon ein klitzekleiner Punkt sein, den Sie versehentlich gezeichnet haben. Jede noch so kleine Änderung einer Arbeitsfläche könnte eine gewollte sein. Und aus diesem Grund fragt der Computer Sie, ob Sie sie speichern wollen. Das ist immer und in jedem Programm so.

Bitte sagen Sie - natürlich nur in unserem Beispiel - an dieser Stelle *Nein*. Schließen Sie das Programm.

Achten Sie jetzt bitte auf die Taskleiste. Button und Symbol des Programmes *Paint* sind mit dem Schließen des Fensters verschwunden. Nun ist nämlich keine Anwendung mehr aktiv (Sie haben *Paint* ja geschlossen).

Fenster stufenlos vergrößern/verkleinern/ verschieben

Rufen Sie bitte wieder das Programm *Paint* auf. Kurzform: *Start*-Button anklicken, *Alle Programme*, *Zubehör*, *Paint* anklicken. Wenn es nicht gleich klappt, schlagen Sie noch mal bei der kleinen Mausübung nach.

Sie sehen das Paint-Fenster wieder ganz groß auf dem Bildschirm.

Klicken Sie bitte auf den Button *Wiederherstellen*, sodass das Fenster auf dem Bildschirm kleiner erscheint. Ihr Bildschirm sieht nun so aus:

Das wiederhergestellte Programmfenster von *Paint*

Sie können das Fenster beliebig an jede Stelle des Bildschirmes schieben. Probieren Sie das einfach aus:

Bewegen Sie den Mauszeiger in die Mitte der Titelleiste. Achten Sie darauf, dass es ein weißer Mauszeiger (ein Pfeil) bleibt. Drücken Sie nun die linke Maustaste, halten diese gedrückt und bewegen Sie die Maus (ähnlich wie beim Zeichnen). Das Fenster verschiebt sich mit dem Mauszeiger. Dies funktioniert so lange, wie Sie die linke Maustaste gedrückt halten. Lassen Sie die linke Maustaste los, so bleibt das Fenster an der entsprechenden Stelle des Bildschirmes stehen.

Ein komplettes Fenster verschieben Sie stets mit gedrückter linker Maustaste, während der weiße Mauszeiger in der Titelleiste steht.

Wenn Sie ein Fenster verschieben wollen, darf es allerdings natürlich nicht maximiert sein.

Die Fenstergröße stufenlos verändern

Schieben Sie bitte das Programmfenster von *Paint* in die Mitte des Bildschirmes, etwa so:

So sollte der Bildschirm für die nächste Übung aussehen

Sie können die Größe fast jedes Programmfensters stufenlos verändern.

In der rechten unteren Ecke des Paint-Fensters sehen Sie einige Punkte, die ein dreieckiges Feld bilden. Bewegen Sie den Mauszeiger auf diese Punkte.

Wenn Sie den schwarzen Doppelpfeil sehen, drücken Sie bitte die linke Maustaste, halten diese gedrückt und bewegen die Maus nach rechts unten. Sie sehen: Das Fenster vergrößert sich. Es vergrößert sich solange, bis Sie die Maustaste loslassen.

Diese Art der Verwendung des Mauszeigers nennt man *ziehen*.

Mit diesem schwarzem Doppelpfeil können Sie das Fenster nicht nur größer ziehen, sondern auch kleiner. Allerdings lässt sich das Paint-Fenster nicht beliebig verkleinern. Ab einem bestimmten Format bleibt das Paint-Fenster gleichgroß. Das ist eine Eigenheit des Paint-Fensters und nicht übertragbar auf andere Programmfenster.

Wie Sie sicherlich schon bemerkt haben, können Sie mit diesem diagonalen schwarzen Doppelpfeil sowohl die Fensterbreite als auch die Fensterhöhe verändern. Das geschieht immer, wenn Sie den Mauszeiger diagonal von der Fensterecke aus bewegen.

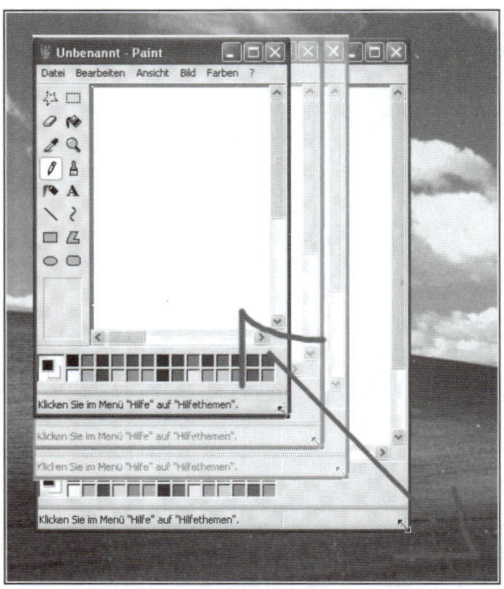

Den Mauszeiger diagonal bewegen

Probieren Sie noch Folgendes aus, wenn Sie Lust dazu haben:

Bewegen Sie doch mal den Mauszeiger nacheinander in jede Ecke des Fensters – bitte ganz genau an den Rand zwischen Fenster und Bildschirmhintergrund!

Sie werden nach einigem Probieren in jeder Ecke des Fensters einen schwarzen Doppelpfeil sehen, der immer dazu dient, die Fenstergröße stufenlos zu verändern. Diese Ansatzpunkte für Größenveränderungen setzen jedoch eine sehr präzise Mausarbeit voraus. Bequemer ist da schon die rechte untere Ecke.

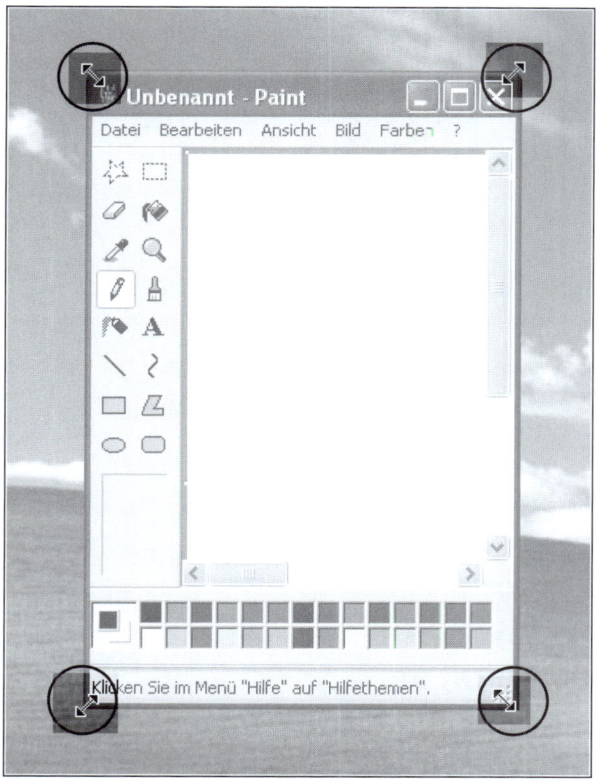

Nacheinander erscheint in jeder Ecke ein Doppelpfeil

Und hier noch eine kleine Zusatzaufgabe für Sie:

Bewegen Sie den Mauszeiger doch einmal auf eine Längskante des Fensters. Wenn der Zeiger genau auf dem Rand zwischen der Längskante des Fensters und dem Bildschirmhintergrund ist, sehen Sie wieder einen schwarzen Doppelpfeil. Diesmal allerdings nicht diagonal, sondern entweder horizontal oder vertikal. Mit diesen Doppelpfeilen können Sie die Höhe oder die Breite des Fensters verändern.

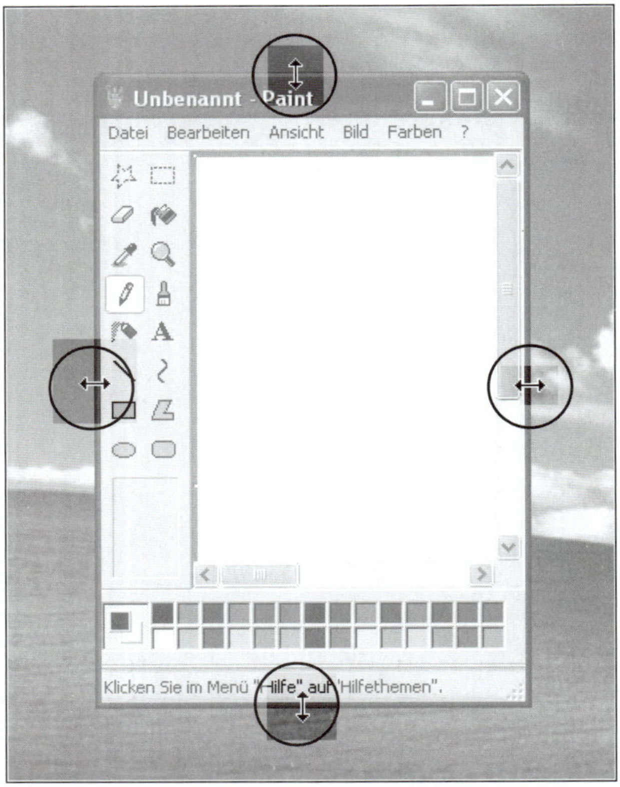

Auch an jeder Längsseite erscheinen Doppelpfeile

Wichtig! – die *Bildlaufleiste(n)*

Auf zur nächsten Übung! Sie gewinnen mehr und mehr Überblick über die Grundfunktionen Ihres Computers. Wieder soll *Paint* als Beispiel dienen. Verkleinern Sie bitte wieder das Paint-Fenster und schieben Sie es in die Mitte des Bildschirmes.

Wenn Sie nun das Fenster betrachten, fällt Ihnen auf, dass etwas hinzugekommen ist: die so genannten *Bildlaufleisten* (Fachbegriff: *Scrollbars* – beide Bezeichnungen sind gebräuchlich).

Die Bildlaufleisten sehen so aus:

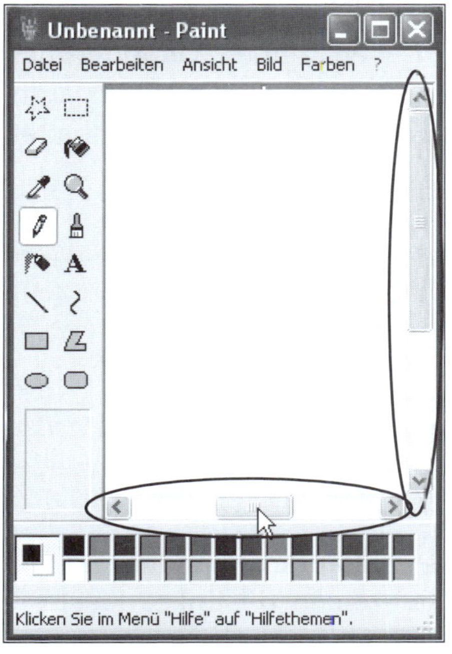

Vertikale und horizontale Bildlaufleisten

Diese Bildlaufleisten finden Sie immer in Fenstern, deren Inhalt nicht komplett angezeigt werden kann, da er zu groß ist. Sie sehen dann im Fenster nämlich nur einen Ausschnitt.

Mit den Bildlaufleisten können Sie den Ausschnitt, den Sie einsehen selbst bestimmen, indem Sie diese nach oben, unten, links und rechts bewegen. Dadurch haben Sie trotz kleinem Fenster immer die Möglichkeit, sich einen Überblick über seinen kompletten Inhalt zu verschaffen.

Bildlaufleisten können Sie auf mehrere Arten nutzen. Die gängigste Methode ist folgende: Bewegen Sie den Mauszeiger auf den Scrollbalken, den Sie in der Bildlaufleiste sehen.

Halten Sie nun die linke Maustaste gedrückt und bewegen Sie den Mauszeiger nach rechts und links. Sie sehen: Der Balken bewegt sich!

Dass sich der Ausschnitt, den Sie einsehen können, verändert hat, konnten Sie wahrscheinlich nicht so gut erkennen. Das liegt daran, dass das Paint-Fenster im Moment nur eine weiße Fläche beinhaltet.

Um die Funktion Bildlaufleiste deutlicher zu machen:

Maximieren Sie bitte das Paint-Fenster mit dem Button *Maximieren* und zeichnen Sie einen schwarzen Strich mit dem Stiftwerkzeug diagonal von einer Ecke zur anderen (Sie erinnern sich an die Mausübung?).

Stellen Sie die Originalgröße des Fensters mit dem Button *Wiederherstellen* wieder her. Sie sehen, das Paint-Fenster wird wieder kleiner und zeigt sich in der Mitte des Bildschirmes.

Verwenden Sie nun die horizontale Bildlaufleiste, indem Sie mit dem weißen Mauspfeil auf den Balken zeigen, die linke Maustaste gedrückt halten und die Maus nach rechts und links bewegen.

Sie können jetzt im Paint-Fenster dem Verlauf des Striches von links nach rechts folgen.

Das Ganze *vertikal*

Die vertikale Bildlaufleiste

Mit der vertikalen Bildlaufleiste können Sie den Fensterinhalt von oben nach unten mit den Augen verfolgen: Drücken Sie die linke Maustaste während Sie den Balken innerhalb der Bildlaufleiste nach oben und unten bewegen. Wenn Sie das ausprobieren, sehen Sie, wie sich der Strich im Paint-Fenster nach unten und oben verfolgen lässt.

Dieses Prinzip der Verwendung der Bildlaufleisten werden Sie sehr häufig bei der Arbeit mit dem Computer antreffen.

Noch mehr Bildlaufleiste

Eine etwas neuere Variante der Verwendung der Bildlaufleiste hängt mit dem Rädchen zusammen, das manche Computermäuse in der Mitte zwischen den beiden Tasten haben. Mithilfe dieses Rädchens können Sie innerhalb eines Fensters *scrollen* (*scrollen* ist die Tätigkeit: das Verwenden der Bildlaufleiste).

Sie können am bequemsten mit dem Zeigefinger oder Mittelfinger scrollen, indem Sie einfach das Rädchen drehen. Sie können mit dem Rädchen nur die vertikale Bildlaufleiste bedienen!

> Entscheiden Sie sich, zum Scrollen immer denselben Finger zu nehmen. Dann kommen Sie mit Ihren Fingern auf der Maus nicht durcheinander. Der Mittelfinger hat sich zum Scrollen bewährt.

RAT

Es kommt vor, dass diese neue Variante des Scrollens mit dem Mausrädchen nicht funktioniert. Die klassische Variante funktioniert immer!

In jedem Fall ist hiermit die Frage beantwortet, wozu die Maus ein Rädchen hat.

Noch mehr Bildlaufleiste – Teil II

Bildlaufleisten werden links und rechts, oben und unten durch kleine Dreiecks-Pfeile begrenzt.

Mit diesen Pfeilen können Sie die Bildlaufleisten auch bewegen.

Positionieren Sie den Mauszeiger auf einem der Pfeile. Bewegen Sie die Maus nicht und klicken Sie die linke Maustaste mehrmals hintereinander. Nun halten Sie bitte längere Zeit die linke Maustaste gedrückt. Sie sehen – die Scroll-Funktion wird ausgelöst!

Welchen der vorgestellten Wege zum Scrollen Sie in Zukunft verwenden, wird eine persönliche Vorliebe von Ihnen sein. Vielleicht mögen Sie auch die Abwechslung und wählen mal diesen, mal jenen Weg.

Einige wichtige Fensterübungen für Sie

Im Folgenden finden Sie einige Fensterübungen, die Ihnen mehr Sicherheit bei der Arbeit mit verschiedenen Fenstern geben sollen. Denn der Umgang mit Fenstern ist wichtig für Ihr weiteres Zusammenspiel mit dem Computer. Gerade für die Zeiten, in denen Sie sich im Internet tummeln werden!

Auf Ihrem Bildschirm müsste noch das kleine Fenster des Programmes *Paint* zu sehen sein, wenn dies nicht der Fall ist, starten Sie *Paint*. Starten Sie bitte zusätzlich und hintereinander folgende Programme: *Editor* und *WordPad*.

Beide Programme werden ähnlich gestartet wie das Programm *Paint*. In Kurzform für das Programm *Editor: Start*-Button anklicken, *Alle Programme, Zubehör, Editor* anklicken (vergleichen Sie dazu die erste Abbildung auf der nächsten Seite).

Die Kurzform für das Programm *WordPad*: *Start*-Button anklicken, *Alle Programme, Zubehör, WordPad* anklicken (vergleichen Sie dazu die zweite Abbildung auf der nächsten Seite).

Klicken müssen Sie immer mit der linken Maustaste, kurz und prägnant!

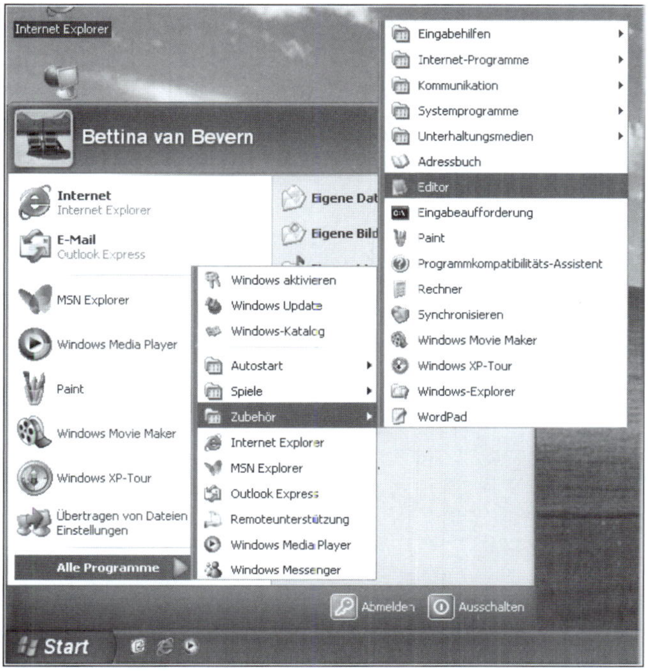

Der Weg zu dem Programm *Editor*

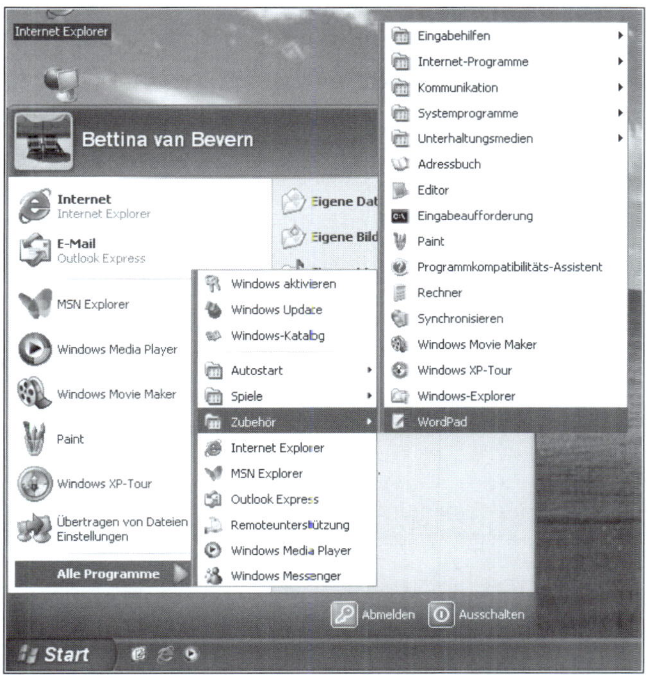

Der Weg zu dem Programm *WordPad*

Die Funktionen der Programme spielen im Moment keine Rolle. Sie sollen nur geöffnet werden, um mehrere Fenster gleichzeitig auf dem Bildschirm zu haben.

Sie müssten jetzt ungefähr Folgendes auf Ihrem Bildschirm sehen:

Der Bildschirm voller Programmfenster

Sie haben mehrere Programme aufgerufen und sehen entsprechend viele Fenster auf dem Bildschirm.

Das Paint-Fenster können Sie im Moment gar nicht mehr sehen. Es wird von den beiden anderen Fenstern überdeckt.

In der Taskleiste sehen Sie etwa dieses:

In der Taskleiste ist mächtig was los – es gibt drei Einträge!

Sie erinnern sich: Immer, wenn Sie ein Programm starten, erscheint ein Button in der Taskleiste, der darauf hinweist, dass etwas aktiv ist. Da Sie drei Programme gestartet haben, sehen Sie natürlich auch drei Buttons in der Taskleiste.

Der Button des Programmes *WordPad* ist dunkler als die beiden anderen Buttons. Daran erkennt man, dass sich die Fenster von *Paint* und *Editor* im Hintergrund befinden.

> Beachten Sie bitte: Die Taskleisten in *Windows Me* und *Windows 98* sind – im Gegensatz zu der von *Windows XP* – grau. Genauso die darin enthaltenen Buttons der aktiven Programme.
>
> ACHTUNG

Wenn Sie das Paint-Fenster wieder sehen wollen

Bewegen Sie den Mauszeiger einfach auf den Button *Paint* in der Taskleiste und klicken Sie einmal mit der linken Maustaste!

Das Fenster von *Paint* ist nun im Vordergrund zu sehen:

Das Programmfenster von *Paint* im Vordergrund

Die Titelleiste des *Paint*-Fensters hat jetzt eine kräftige Farbe und die Titelleisten der anderen Fenster sind etwas verblasst.

Die kräftige Farbe in der Titelleiste weist darauf hin, dass das Fenster aktiv im Vordergrund ist. In diesem Fenster, diesem Programm, könnten Sie nun zu arbeiten beginnen - oder Sie arbeiten gerade schon darin.

Durch das Klicken auf den *Paint*-Button in der Taskleiste haben Sie also das *Paint*-Fenster aktiviert - in den Vordergrund gebracht. Der zugehörige Button in der Taskleiste hat jetzt den kräftigeren Farbton, während die beiden anderen blasser sind.

Jetzt ist der *Paint*-Button dunkler als die anderen

Probieren Sie bitte nacheinander auch die beiden anderen Buttons aus: Drücken Sie einmal kurz und prägnant die linke Maustaste, während der Mauszeiger auf einen der Buttons in der Taskleiste zeigt.

Beobachten Sie dabei die Fenster. Sie werden sehen, dass ein Fenster nach dem anderen in den Vordergrund tritt.

Ein kleiner Test zum Thema

Hier können Sie Ihr neu erworbenes Wissen über Fenster, deren Größenänderungen und Positionierungen einsetzen. Bitte lösen Sie folgende Aufgabe:

Positionieren Sie alle drei Fenster so, dass sie gleichzeitig und nebeneinander auf Ihrem Bildschirm zu sehen sind. Bedenken Sie: Wenn ein Fenster zu groß erscheint, können Sie es verkleinern.

RAT

Lassen Sie sich bitte Zeit, das Gelernte anzuwenden. Sie werden vielleicht 10 Minuten brauchen, bis Sie die Fenster richtig angeordnet haben.

Des Rätsels Lösung

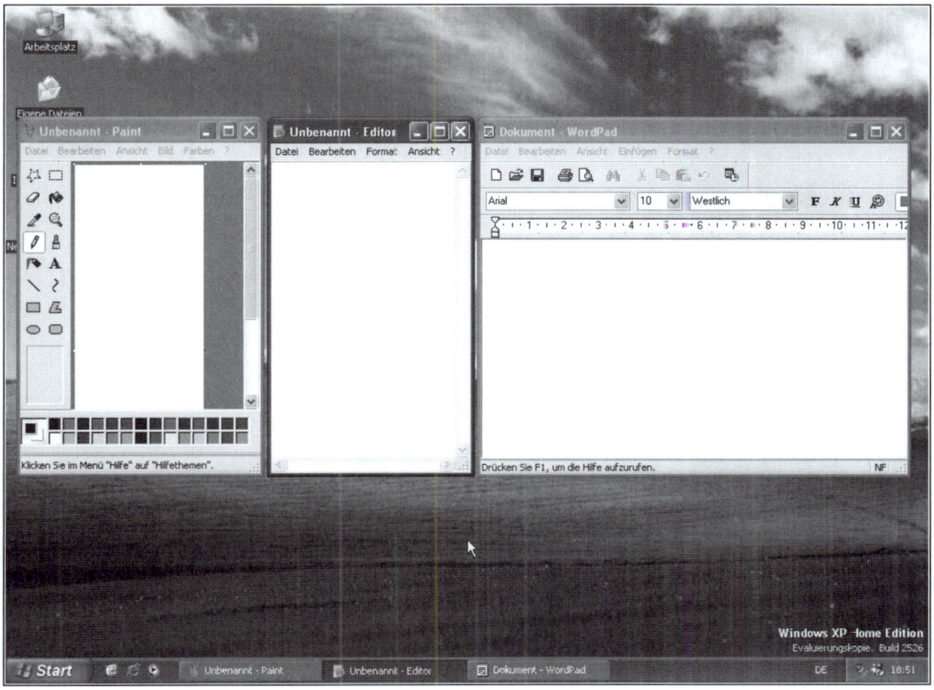

So ähnlich sieht Ihre Lösung aus? Dann haben Sie es richtig gemacht!

Wenn Sie die Fenster nicht mehr brauchen, können Sie diese mit dem *Schließen*-Button schließen. Alle drei nacheinander.

Ihr Desktop ist wieder aufgeräumt, alle Buttons in der Taskleiste sind weg. Und Sie haben ein weiteres Kapitel bei der Entdeckung Ihres Computers erfolgreich abgeschlossen!

Neues vom *Start*-Menü

Rufen Sie das *Start*-Menü auf! Hier gibt's was Neues zu sehen: Es fällt auf, dass die Programmsymbole von *Paint*, *Editor* und *WordPad* jetzt unmittelbar im *Start*-Menü stehen.

Das ist der *Schnellzugriff* auf die von Ihnen zuletzt verwendeten Programme. Durch einen Klick (mit der linken Maustaste) auf diese Symbole starten Sie die Programme sofort und ohne den langen Umweg über die ganzen Untermenüs.

Windows XP merkt sich die zuletzt aufgerufenen Programme und stellt die Symbole direkt in das *Start*-Menü. Das Betriebssystem denkt also mit und stellt kurze Wege zum Weiterarbeiten bereit.

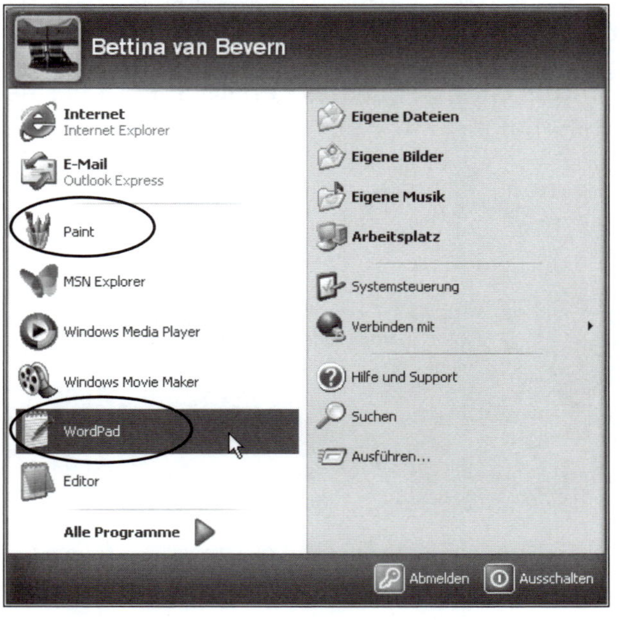

Das *Start*-Menü nach Aufruf der drei Programme

Leider haben die *Start*-Menüs von *Windows Me* und *Windows 98* diese Funktion noch nicht. Bei diesen *Windows*-Versionen müssen Sie immer den längeren Weg gehen.

RAT

Verwenden Sie zukünftig ein Programm häufiger, dann schauen Sie zunächst in Ihrem *Start*-Menü nach, ob es dort aufgeführt ist. In diesem Fall können Sie sich den längeren Weg durch die Untermenüs sparen.

Zur Erinnerung

- In der Titelleiste rechts gibt es drei Buttons, mit denen Sie ein Fenster *minimieren* (in der Taskleiste parken), *wiederherstellen* (zu seiner ursprünglichen Größe verkleinern), *maximieren* (so groß, dass es Ihren ganzen Bildschirm ausfüllt) und *schließen* (gleichzeitig Programm beenden) können.
- Zeigt der Mauspfeil in die Titelleiste eines Fensters, können Sie es auf dem Bildschirm beliebig verschieben.
- Ein Fenster können Sie an jeder Seite mit dem schwarzen Doppelpfeilen vergrößern und verkleinern (sehr bequem unten rechts in der Ecke: die Punkte).

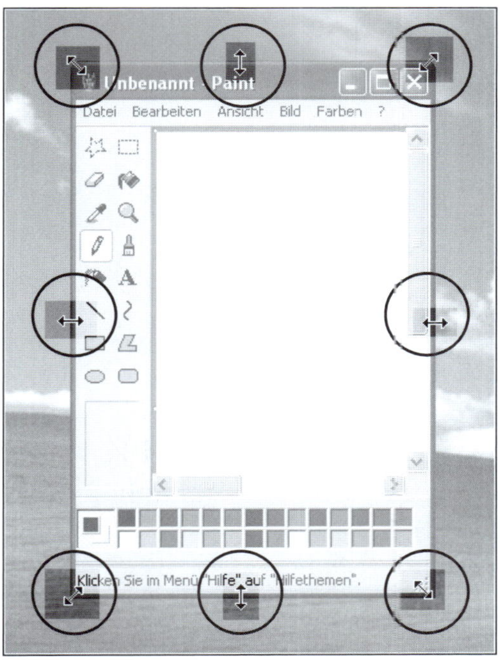

- In der Taskleiste sind immer Buttons zu sehen, wenn ein Programm oder Fenster aktiv ist – auch wenn Sie kein Fenster sehen.

- Durch Anklicken der Buttons in der Taskleiste können Sie das Fenster Ihrer Wahl in den Vordergrund bringen.

Die Tastatur und der erste Text

Los geht's

- In diesem Kapitel lernen Sie Grundsätzliches zum Umgang mit der Tastatur,
- Sie lernen das Programm *Editor* kennen,
- Sie probieren die Tastatur aus.

Erste einfache Texte schreiben

Damit Sie sich mit dem Schreiben erster kleiner Texte vertraut machen können, starten Sie bitte das Programm *Editor*. Sie kennen das Programm schon aus den ersten Fensterübungen und es wird so gestartet:

Start-Button anklicken, *Alle Programme, Zubehör, Editor* mit der linken Maustaste anklicken.

Je nachdem, mit welcher Fenstergröße Sie das Programm *Editor* nach den Fensterübungen beendet haben, erscheint es erneut auf dem Bildschirm. Daran können Sie erkennen, dass sich *Windows merkt*, in welcher Größe und an welchem Ort ein Fenster zuletzt verwendet wurde.

Maximieren Sie bitte das Editor-Fenster, um eine größere Ansicht zu bekommen. Das Editor-Fenster sollte nun so aussehen:

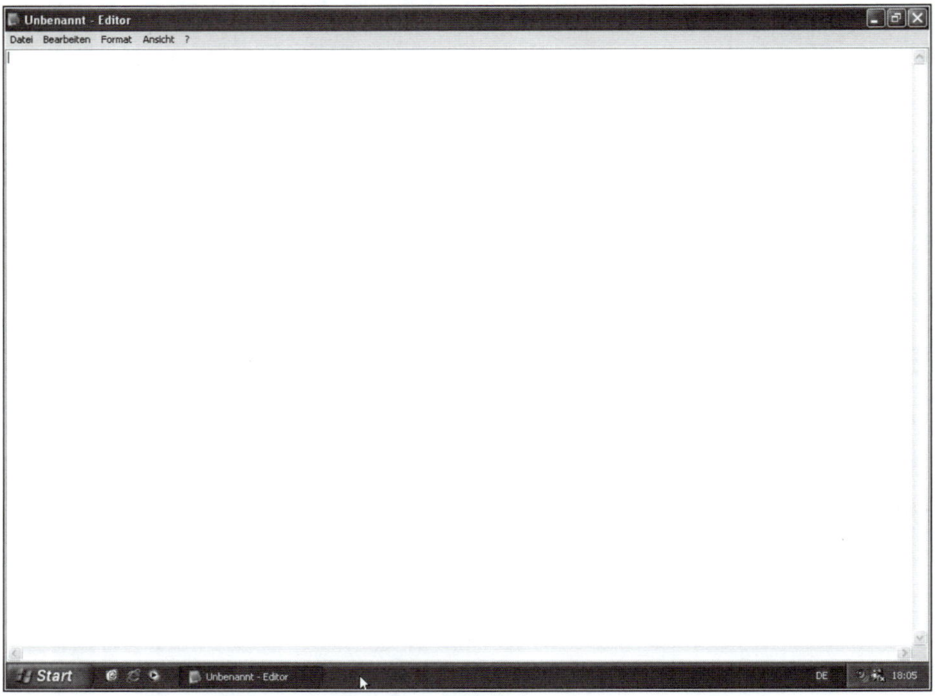

Das große Editor-Fenster auf dem Bildschirm

Das Programm *Editor*

Das Programm *Editor* ist ein sehr kleines Programm. Es findet hauptsächlich als eine Art Notizblock Verwendung. Sie können Texte darin schreiben aber nicht gestalten. Was Sie schreiben ist nicht in Form und Größe veränderbar, wie Sie das vielleicht schon bei anderen, sogenannten *Textverarbeitungsprogrammen* gesehen haben.

Es ist einfach und schlicht und daher hervorragend geeignet, sich mit der Tastatur vertraut zu machen.

Im Editor-Fenster ...

... blinkt ein Strich. Dieser blinkende Strich, |, wird auch *Cursor*, *Textcursor* oder *Eingabemarkierung* genannt.

Am blinkenden Strich erkennen Sie immer, dass Sie an dieser Stelle schreiben können.

Wenn Sie den Mauszeiger auf der weißen Fläche in dem Editor-Fenster bewegen, dann fällt Ihnen auf, dass sich der Mauspfeil in einen Strich mit zwei kleinen Balken verwandelt hat: I

Das ist immer so, wenn Sie mit dem Mauszeiger auf einen Bereich zeigen, in dem Sie Text eingeben können. Das sehen Sie noch einmal bzw. öfter beim Speichern Ihrer Arbeiten.

Etwas Grundsätzliches zur Tastatur

Wenn Sie die Tastatur zum Schreiben verwenden, sind alle Buchstaben zunächst klein. Möchten Sie Großbuchstaben schreiben, dann müssen Sie *vor* dem Drücken des großzuschreibenden Buchstabens – wie bei einer Schreibmaschine – eine bestimmte Taste gedrückt halten. Und zwar diese: [⇧]. Diese Taste heißt *Umschalttaste* und Sie finden sie gleich zweimal auf der Tastatur – einmal links und einmal rechts.

Halten Sie also eine ⇧-Taste gedrückt, drücken Sie den Buchstaben und lassen Sie die ⇧-Taste wieder los. Dann erscheint der großgeschriebene Buchstabe auf dem Bildschirm.

Nur Großbuchstaben schreiben

Natürlich ist es lästig, immer die Umschalttaste gedrückt zu halten, wenn Sie nur Großbuchstaben schreiben wollen.

Daher gibt es eine Taste, die nur einmal getippt werden muss, um zu veranlassen, dass Sie nur Großbuchstaben schreiben und zwar solange, bis Sie diese Funktion wieder aufheben.

Diese Taste heißt *Feststelltaste* und sieht so aus: ⇩.

Sie finden diese Taste links auf der Tastatur, oberhalb der ⇧-Taste.

Drücken Sie also einmal die Feststelltaste, erscheinen alle Buchstaben groß. Wollen Sie wieder klein schreiben, tippen Sie einfach einmal die Umschalttaste, damit wird die Feststelltaste wieder gelöst.

Das Lösen der Feststelltaste können Sie mit der linken oder rechten Umschalttaste bewirken.

Wortzwischenräume

Zwischen geschriebenen Worten liegen sogenannte *Wortzwischenräume*. Diese Wortzwischenräume erzeugen Sie mit der *Leertaste*.

Die Leertaste sieht so aus: [ ] und Sie finden sie ganz unten auf der Tastatur. Es ist die größte Taste auf der Tastatur.

In einer nächsten Zeile schreiben

In einem richtigen Textverarbeitungsprogramm, z.B. Word, brauchen Sie einen Zeilenwechsel nicht mittels einer Taste zu erzwingen. Das Programm bricht die Zeile selbst an der geeigneten Stelle um, sodass Sie sich auf den Inhalt des Textes konzentrieren können.

Das Programm *Editor* ist jedoch nicht so komfortabel und Sie müssen den Zeilenumbruch selbst bestimmen.

Sie können in der nächsten Zeile weiterschreiben, wenn Sie folgende Taste tippen: [↵]. Diese Taste heißt *Returntaste*. Manche nennen sie auch *Absatztaste, Entertaste* oder *Bestätigungstaste*. Mit allen drei Bezeichnungen ist die gleiche Taste gemeint und Sie finden sie rechts auf der Tastatur. Die Taste ist besonders groß.

Tippen Sie also einmal die *Returntaste* [↵], so wandert der Textcursor in die nächste Zeile zum Weiterschreiben. Mit dieser Taste erzeugen Sie Zeilenwechsel und Absätze.

Einen Text löschen

Mit der *Korrekturtaste*, können Sie den Text oder auch nur einzelne Buchstaben wieder löschen. Die Korrekturtaste sieht so aus: [⇦] und Sie finden sie oberhalb der Returntaste.

Wichtig bei dieser Taste ist, dass sie immer nur von rechts nach links löscht. Nie von links nach rechts. Dafür gibt es eine andere Taste.

> Wollen Sie also Buchstaben mit der *Korrekturtaste* [⇦] löschen, dann muss der blinkende Cursor immer *rechts* von dem Buchstaben blinken, den Sie löschen möchten.
>
> **RAT**

Mit der Taste *Entfernen* können Sie ebenfalls Text löschen. Diese Taste löscht Text immer nur von links nach rechts. Nie von rechts nach links. Die Entfernentaste [Entf] finden Sie rechts neben der Returntaste.

Wollen Sie also Buchstaben mit der Taste *Entfernen* [Entf] löschen, dann muss der blinkende Cursor immer links von dem Buchstaben stehen, den Sie löschen möchten.

RAT

Links - Rechts - Die vielen verschiedenen Angaben sind oft recht verwirrend. Gewöhnen Sie sich einfach den Gebrauch einer einzigen Taste zum Löschen an. Die Korrekturtaste [⇦] hat sich hierfür sehr bewährt.

Das einfache Navigieren des Cursors im Text

Dort, wo der Cursor blinkt, können Sie schreiben. Löschen können Sie an dieser Stelle ebenfalls.

Sollte der Cursor nicht blinken, ist das Fenster mit dem Textprogramm vielleicht nicht aktiv. Aktivieren Sie es durch Anklicken der Titelleiste oder des Buttons in der Taskleiste.

Blinkt der Cursor an der falschen Stelle, benutzen Sie einfach die *Cursortasten* der Tastatur. Mit diesen Tasten navigieren Sie den Textcursor im geschriebenen Text von oben nach unten, von links nach rechts. Die vier Cursortasten [←], [↑], [→], [↓] finden Sie unterhalb der Taste *Entfernen*.

Der Ziffernblock

Auf der Tastatur finden Sie rechts eine Anordnung von Ziffern-Tasten, den *Ziffernblock*. Mit diesem Ziffernblock können Sie Zahlen schreiben.

Oberhalb des Ziffernblocks sehen Sie drei Lämpchen. Das linke Lämpchen sollte in diesem Moment grün leuchten, dann ist der Ziffernblock gerade aktiv und Sie können Zahlen schreiben! Ist der Ziffernblock inaktiv, leuchtet die Lampe nicht.

Oben links im Ziffernblock finden Sie die Taste [Num]. Mit dieser Taste schalten Sie den Ziffernblock an und aus. Es kommt vor, dass man aus Versehen den Ziffernblock deaktiviert - doch jetzt wissen Sie ja, wie Sie dies kontrollieren können.

Der Ziffernblock

Probieren Sie das Aktivieren und Deaktivieren des Ziffernblockes aus und beobachten Sie das Lämpchen.

> Gewöhnen Sie sich von Anfang an daran, Zahlen mit dem Ziffernblock zu tippen. Auf Dauer werden Sie feststellen, wie schnell Sie beim Tippen werden.
>
> RAT

Diese Funktionen der Tastatur gelten in jedem Programm. Lassen Sie sich Zeit beim Ausprobieren!

Sollten Sie nicht sofort mit dem nächsten Kapitel weitermachen wollen, so können Sie das Programm *Editor* jetzt mit dem Button *Schließen* oben rechts in der Titelleiste beenden. Werden Sie gefragt, ob Sie speichern möchten, klicken Sie bitte mit der linken Maustaste kurz und prägnant auf *Nein*.

Zur Erinnerung

- Sehen Sie einen blinkenden senkrechten Strich in einem Fenster oder einer Zeile, bedeutet das, dass Sie etwas schreiben können. Der Strich heißt *Cursor*.
- Die *Umschalttaste* [⇧] dient zur Großschreibung von einzelnen Buchstaben.
- Die *Feststelltaste* [⇩] veranlasst, dass alle Buchstaben großgeschrieben werden.
- Durch einmaliges Drücken der *Umschalttaste* [⇧] lösen Sie die Funktion der Feststelltaste wieder.
- Wortzwischenräume erzeugen Sie mit der *Leertaste* [ ].
- In die nächste Zeile gelangen Sie durch drücken der *Returntaste* [↵].
- Mit der *Korrekturtaste* [⇦] löschen Sie Buchstaben von rechts nach links.
- Mit der *Entfernentaste* [Entf] löschen Sie Buchstaben von links nach rechts.
- Mit den *Cursortasten* [←], [↑], [→], [↓] navigieren Sie den Textcursor innerhalb des Textes in alle Richtungen.
- Mit dem *Ziffernblock* können Sie schnell mehrere Zahlen tippen.
- Die [Num]-Taste schaltet den Ziffernblock an und aus.

Arbeiten speichern und öffnen – Dateien, Ordner, Laufwerke

Los geht's

- In diesem Kapitel erfahren Sie, wie wichtig das Speichern Ihrer Arbeiten ist.
- Sie lernen das einfache Speichern von Dateien.
- Sie öffnen die gespeicherte Datei wieder.
- Sie lernen verschiedene Speichermöglichkeiten und die zur Verfügung stehenden Laufwerke kennen.
- Sie lernen das Speichern einer Datei auf dem Desktop, und
- Sie öffnen die Datei vom Desktop aus.
- Sie lernen eine neue Funktion der Maus kennen: den Doppelklick.

Speichern beugt Datenverlusten vor!

Sie ahnen es bereits: Das Speichern von Arbeiten am Computer ist von entscheidender Wichtigkeit. Ungespeichert gehen alle noch so mühsam errungenen Ergebnisse mit dem Ausschalten des Computers verloren.

Was ist speichern?

Als *speichern* wird der Vorgang bezeichnet, mit dem Ihre Arbeiten auf der Festplatte oder einer CD oder Diskette fixiert werden. Was dabei entsteht, wird *Datei* genannt.

Das Fixieren bedeutet, dass Sie zu einem späteren Zeitpunkt diese *Datei* (Arbeit) wieder aufrufen können, um sie weiter zu bearbeiten oder sie erneut auszudrucken.

In einer *Datei* stehen also Informationen (*Daten*, deswegen *Datei*), die Ihr Computer braucht, um z.B. Ihren Text wieder auf Ihrem Bildschirm sichtbar zu machen.

Einen Text aus dem *Editor* speichern

Sollten durch das Ausprobieren der Tastatur jetzt viel Buchstabensalat in Ihrem Editor-Fenster stehen, so löschen Sie die Buchstaben bitte mit der Entfernen-Taste [Entf].

Haben Sie das Programm *Editor* nach dem vorherigen Kapitel beendet, so starten Sie das Programm bitte wieder. Sie wissen ja: *Start*-Button anklicken, *Alle Programme* > *Zubehör* > *Editor* anklicken.

Schreiben Sie bitte zwei bis drei einfache kleine Zeilen, damit Sie diese später speichern können. Im Beispiel sieht das so aus:

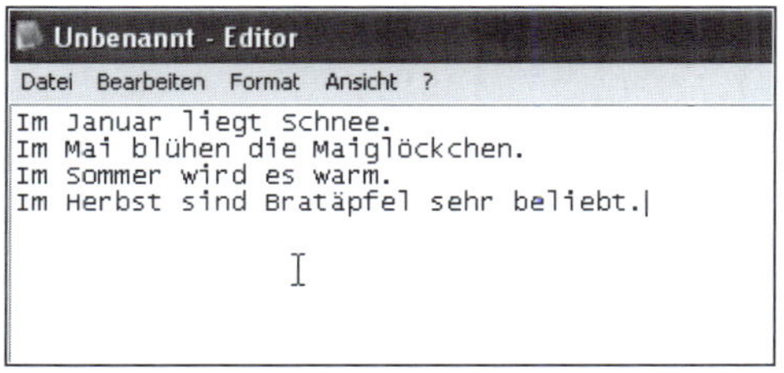

Ein Beispiel-Text

Achten Sie bitte auf die Titelleiste – im Moment steht *Unbenannt – Editor* darin.

Schritt für Schritt – so speichern Sie Ihren Text

1 Klicken Sie mit der linken Maustaste auf das Wort *Datei* oben links in der Menüleiste. Das Menü *Datei* klappt auf.

2 Bewegen Sie den Mauszeiger auf die Option *Speichern unter* in diesem Menü.

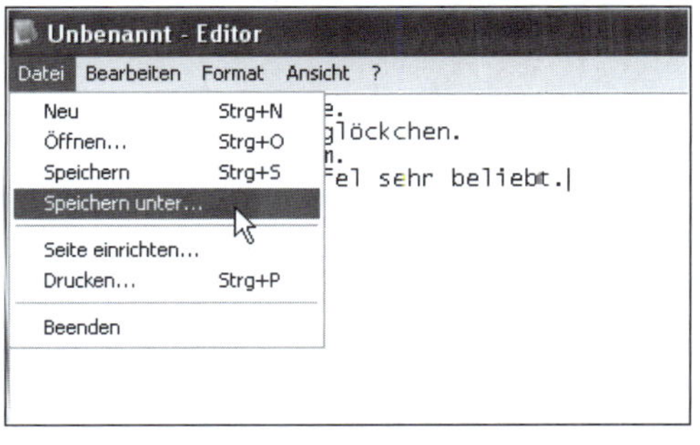

3 Klicken Sie kurz und prägnant mit der linken Maustaste auf *Speichern unter*, ohne die Maus dabei zu bewegen.

4 Auf dem Bildschirm erscheint das Dialogfenster *Speichern unter*:

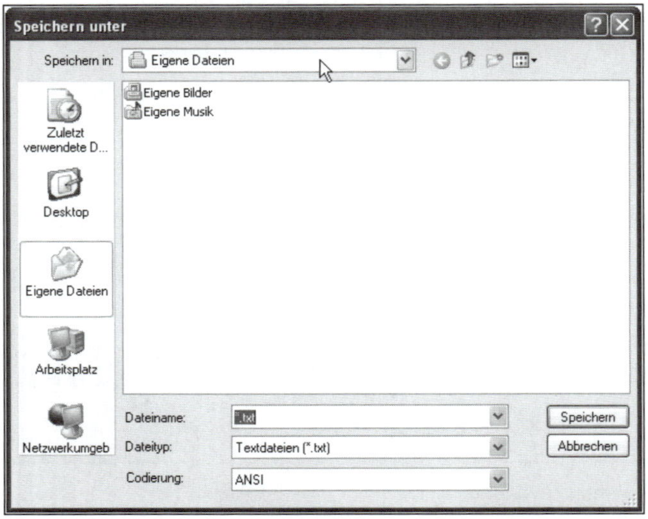

5 Im unteren Bereich dieses Fensters finden Sie die Zeile *Dateiname*. Dort sind im Moment die Buchstaben *txt* blau unterlegt.

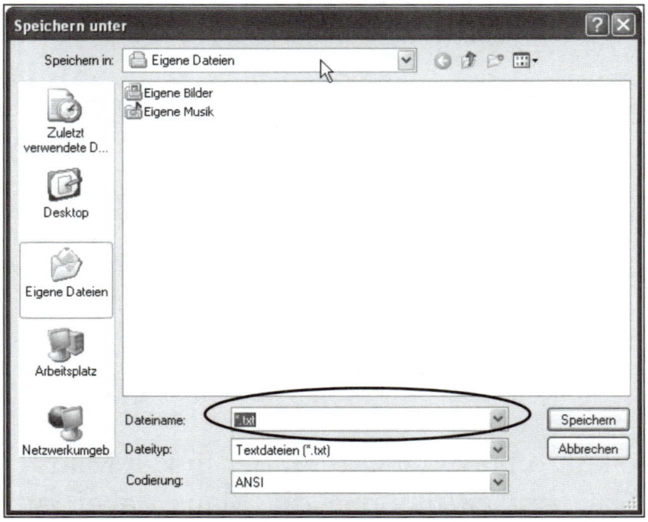

Die Eingabezeile *Dateiname*

6 Bewegen Sie den Mauszeiger direkt rechts neben die blaue Unterlegung und klicken Sie, während der Cursor zu sehen ist, einmal mit der linken Maustaste.

7 In der Zeile *Dateiname* ist jetzt keine blaue Unterlegung mehr zu sehen und der Cursor blinkt rechts neben den Buchstaben *txt*.

8 Löschen Sie alles, was in der Zeile steht mit der Korrekturtaste [⇦] und schreiben Sie den Namen, unter dem Sie Ihren Text in Zukunft wiederfinden wollen, dorthin. Für das Beispiel könnte man den Dateinamen *Jahreszeiten* wählen:

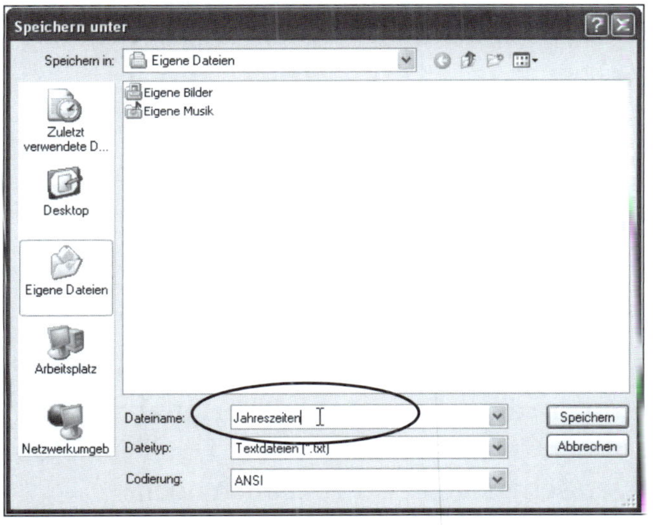

Zum Speichern des Beispieltextes wurde das Wort *Jahreszeiten* verwendet

9 Bewegen Sie den Mauszeiger auf die Schaltfläche *Speichern* rechts neben der Zeile *Dateiname*. Etwa so:

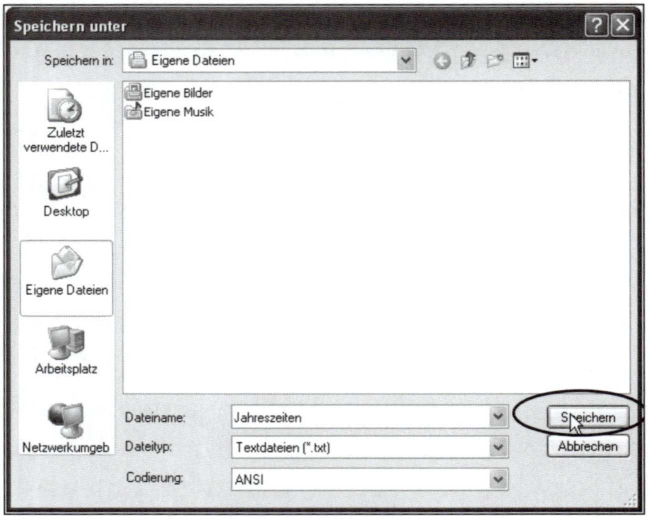

10 Nach dem Klick auf die Schaltfläche *Speichern* kehren Sie automatisch zum Editor-Fenster zurück, in dem der Text noch steht.

11 Voilà, Sie haben soeben Ihren Text gespeichert - Hurra!

Und jetzt ein AHA-Effekt!

In der Titelleiste steht nun der von Ihnen vergebene Dateiname. Sie haben Ihren Text in einer Datei gespeichert und der Name dieser Datei wird Ihnen jetzt angezeigt. Ihre Datei ist momentan geöffnet. Deswegen sehen Sie Ihren Text auch noch.

Im Beispiel sieht das so aus:

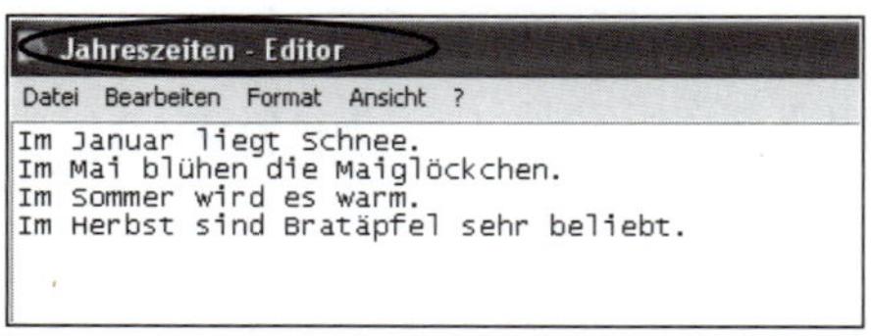

In der Titelleiste steht der Name der geöffneten Datei

Nun wissen Sie, wie das einfache Speichern funktioniert. Gewöhnen Sie sich an, Ihre wichtigen Arbeiten stets zu speichern!

> Vergeben Sie immer kurze und aussagefähige Dateinamen, die sich auf den Inhalt der Arbeiten beziehen. Nur so können Sie sicher sein, auch nach Wochen noch zu wissen, was in einer Datei enthalten ist, wenn Sie deren Namen lesen.
>
> **RAT**

Für die nächste Übung beenden Sie bitte das Programm *Editor* mit dem X-Button oben rechts in der Titelleiste.

Ihre Textdatei wieder öffnen

Zum Öffnen der Datei, die Sie soeben gespeichert haben, rufen Sie das Programm *Editor* bitte wieder auf. Hier noch einmal zur Erinnerung:

Start-Button anklicken, dann *Alle Programme* > *Zubehör* > *Editor* anklicken.

Das Editor-Fenster müsste noch maximiert sein und den ganzen Bildschirm ausfüllen.

Schritt für Schritt – so öffnen Sie Ihre Textdatei

1 Klicken Sie mit der linken Maustaste auf das Wort *Datei* oben links in der Menüleiste. Das Menü *Datei* klappt auf.

2 Bewegen Sie den Mauszeiger auf die Option *Öffnen...* – etwa so:

3 Klicken Sie einmal kurz und prägnant mit der linken Maustaste die Option *Öffnen* an.

4 Auf dem Bildschirm öffnet sich ein Dialog mit dem Namen *Öffnen*:

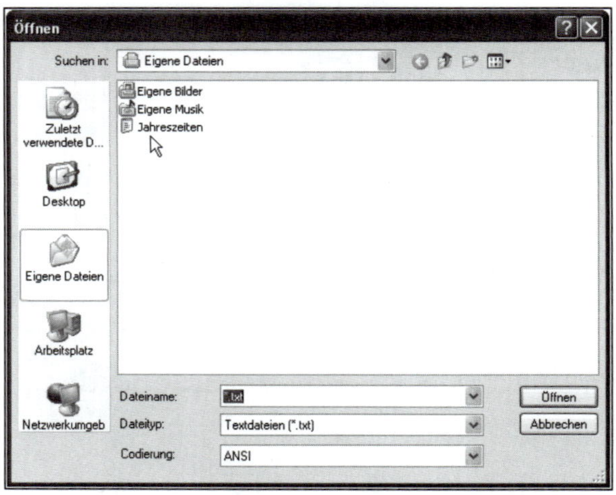

Der Dialog *Öffnen*

5 Im Dialog *Öffnen* sehen Sie in dem großen weißen Bereich den Dateinamen, den Sie bei der Speicherübung vergeben haben. Im Beispiel sieht das so aus:

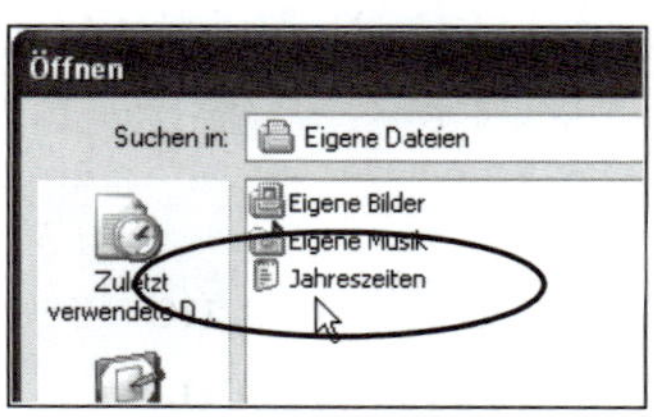

Der angezeigte Dateiname mit einem Textdateisymbol davor

6 Bewegen Sie den Mauszeiger auf den Dateinamen und klicken Sie einmal kurz und prägnant mit der linken Maustaste. Der Dateiname ist jetzt blau unterlegt – man sagt *er ist markiert*.

7 Bewegen Sie den Mauszeiger nun nach unten rechts im *Öffnen*-Dialog auf den Button *Öffnen*. Etwa so:

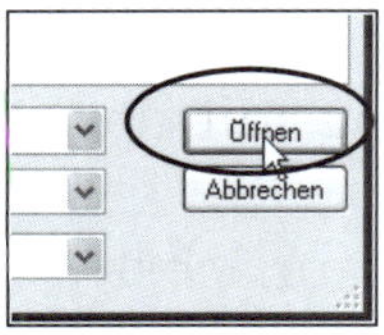

8 Klicken Sie einmal kurz und prägnant mit der linken Maustaste auf den Button *Öffnen*.

Voilà – Ihr Text steht nun wieder im Editor-Fenster und Sie könnten weiterschreiben und ihn verändern.

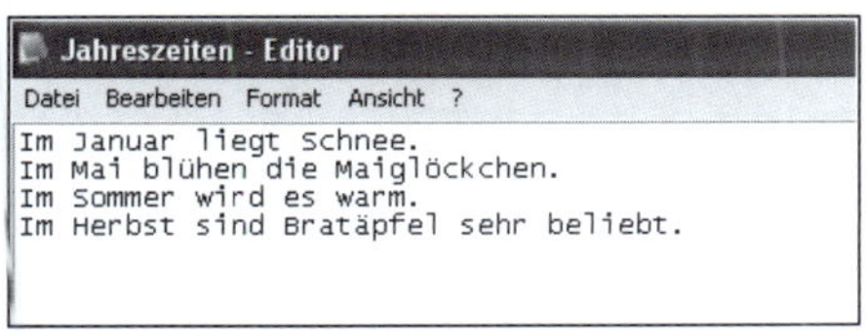

Ihr Text ist wieder zu sehen

Kurz zusammengefasst: Zum Öffnen markieren Sie immer zunächst die Datei, die Sie öffnen möchten, (damit Ihr Computer weiß, welche Datei er öffnen soll!). Dann klicken Sie auf den Button *Öffnen*. Nicht vergessen: Markieren können Sie den Namen durch einmaliges, kurzes Klicken mit der linken Maustaste. Dann wird der Dateiname blau unterlegt.

Wiederholen Sie alle vorherigen Schritte zur Übung noch einmal, mit einem neuen Text und einem anderen Dateinamen.

Speichern – Ordner, Laufwerke und Co.

Zum Thema speichern - also zum *Aufbewahren* von Dateien - gibt es noch mehr zu lernen. Sie brauchen ein Ordnungssystem für Ihre Dateien, damit Sie in Zukunft nicht im Datei-Chaos versinken.

Wenn Sie eine Datei speichern, muss ja irgendwo abgelegt werden. Und Sie müssen wissen, wohin - an welchen *Ort* - Sie Ihre Datei speichern. Sie müssen sich merken, wohin Sie die Datei gespeichert haben.

RAT

Eine gute Hilfe könnte es sein, wenn Sie zunächst eine handschriftliche Liste neben Ihren Computer legen. So finden Sie auch später leicht und sicher Ihre Dateien wieder.

Stellen Sie sich das Ordnungssystem im Computer vor wie ein Ablage-Regalsystem im Alltag. Stellen Sie sich vor, Sie hätten ein neues Buch gekauft. Sie schauen sich Ihr Regal an und entscheiden, wo Sie das neue Buch in dem Besten unterbringen. Sie haben ein Ordnungssystem und können so sicher sein, das Buch - nicht nur am nächsten Tag - wieder zu finden.

Stellen Sie sich vor, ...

... dass Sie begeistert mit dem Programm *Paint* zeichnen und malen. Sie produzieren in der Woche 20 Zeichnungen und speichern diese einfach ab. Nach 6 Monaten haben Sie bereits 520 Dateien gespeichert!

Wie wollen Sie die im Nachhinein unterscheiden oder erkennen? Das Chaos wäre perfekt!

Am besten machen Sie sich daher mit den Laufwerken auf Ihrem Computer bekannt.

Sie lernen die Laufwerke kennen

Dateien landen beim einfachen Speichern meistens in einem bestimmten Bereich – auf der *Festplatte* des Computers.

Die Festplatte wird sowohl *Laufwerk* als auch als *Datenträger* genannt. Mehr dazu finden Sie im Kapitel *„Ihr Computer u. seine Bestandteile"*.

All Ihre Laufwerke haben Namen. Leider nicht solche wie Petra oder Martin, sondern technische Namen, nämlich *Buchstaben*, die Sie lernen und sich merken sollten.

Ein Laufwerk nach dem anderen

Das Diskettenlaufwerk

Das Diskettenlaufwerk hat immer die Bezeichnung A:. Das Diskettenlaufwerk wird auch oft durch ein Symbol verdeutlicht, das so aussieht:

Die komplette Bezeichnung des Diskettenlaufwerkes ist häufig so:

3,5-Diskette (A:)

Die Bezeichnung 3,5 bezieht sich auf die Diskettengröße – 3,5 steht für 3,5 Zoll (amerikanisches Längenmaß). Das ist ein Relikt aus den Zeiten, als es noch andere Diskettengrößen gab.

Die Festplatte

Das Festplattenlaufwerk hat immer die Bezeichnung C:. Die Festplatte wird auch oft durch ein Symbol dargestellt, welches so aussieht:

Die komplette Bezeichnung für die Festplatte sieht häufig so aus:

WINXP (C:)

Die Festplatte wird während der Installation des Betriebssystems Windows XP meist automatisch *WINXP* genannt. Das muss bei Ihrem Computer aber nicht unbedingt der Fall sein – je nach Hersteller kann die Festplatte auch anders benannt sein. Diese zusätzliche Angabe zu Ihrer Festplatte ist also beliebig und veränderbar.

CD-Laufwerk(e)

Das CD-Laufwerk hat normalerweise die Bezeichnung D:. Das Symbol für das CD-Laufwerk sieht so aus:

Die komplette Bezeichnung des CD-Laufwerkes sieht häufig so aus:

CD-Laufwerk (D:)

Wenn Ihr Computer zwei (oder drei) CD-Laufwerke hat, z. B. noch einen CD-Brenner, dann sehen Sie auch zwei Symbole. Beide sehen gleich aus.

Ist das zweite CD-Laufwerk ein DVD-Laufwerk, dann bekommen Sie manchmal ein solches Symbol angezeigt:

Dieses gesonderte Symbol gibt es erst ab dem Betriebssystem *Windows XP*. In anderen Windows-Versionen sehen Sie immer das Standard-Symbol für ein CD-Laufwerk und Sie müssen wissen, welches davon das DVD-Laufwerk oder der CD-Brenner ist. Das erfahren Sie durch Ausprobieren.

Das zweite CD-Laufwerk kann die Bezeichnung E: haben. Das sieht dann oft so aus: CD-Laufwerk (E:).

Sie merken schon ... A:, C:, D:, E: …; die Vergabe der *Laufwerksbuchstaben* (so heißen diese) findet alphabetisch statt und wird durch Ihr Betriebssystem Windows geregelt.

Windows *kennt* ja alle an Ihrem Computer angeschlossen Geräte und gibt ihnen Bezeichnungen, damit Sie mit ihnen arbeiten können.

Etwas Computergeschichte: Vielleicht ist Ihnen aufgefallen, das Sie keinen Laufwerksbuchstaben mit der Bezeichnung B: haben. B: war das frühere Diskettenlaufwerk, welches die großen 5¼-Zoll-Disketten lesen konnte.

Es ist wichtig, dass Sie die Buchstabenkennung der Laufwerke in Ihrem Computer beherrschen.

Wenn Sie mehr zum Thema Laufwerke und deren Bezeichnungen erfahren möchten, dann schauen Sie bitte in den Anhang. Dort finden Sie Auflistungen, wie die einzelnen Laufwerke gekennzeichnet sind, wenn Sie zwei Festplatten und z.B. mehrere CD-Laufwerke in Ihrem PC eingebaut haben.

Bedenken Sie: Bei jedem Speichervorgang werden Sie mit den Laufwerken indirekt konfrontiert, da Sie immer entscheiden müssen, wohin gespeichert werden soll.

RAT

Der Ordner *Eigene Dateien* und der *Desktop*

Es gibt auf dem Laufwerk C: (der *Festplatte*) bestimmte Bereiche, die das Betriebssystem Windows a priori eingerichtet hat. Einen dieser Bereiche haben Sie bereits zum Speichern verwendet, ohne es zu wissen! Das war der Ordner *Eigene Dateien*.

Der Ordner *Eigene Dateien* für die einfache Organisation Ihrer ersten Dateien

Der Ordner *Eigene Dateien* ist ein bestimmter Bereich der *Festplatte* (C:).

Sie erinnern sich: Die *Festplatte* ist ein *fest* eingebauter Datenträger im PC-Gehäuse. Ein *Datenträger* kann Dateien aufnehmen und speichern. Ein *Ordner* ist ein Ort auf einem Datenträger, an dem Sie Dateien sammeln können, um diese später wiederzufinden. Und Sie müssen natürlich wissen, wo Sie den Ordner finden können.

Der Ordner *Eigene Dateien* hat folgendes Symbol:

Das Symbol für den Ordner *Eigene Dateien* ...

... manchmal auch beschriftet

Wenn Sie einfach speichern ohne etwas Spezielles anzugeben, dann tun Sie das auf Ihrer Festplatte in dem Ordner *Eigene Dateien*. Dieser Vorgang ist meist im Computer voreingestellt.

Das Betriebssystem *Windows* sorgt dafür, dass Ihre Dateien beim Speichern in diesen Ordner gelangen sofern Sie nicht explizit einen anderen Speicherort angeben.

Der *Desktop* für den schnellen Zugriff auf häufig verwendete Dateien

Der *Desktop* ist ein zweiter Bereich auf der Festplatte C:.

Sie erinnern sich? Der Desktop ist das, was Sie auf dem Bildschirm sehen, wenn Sie Ihren PC eingeschaltet haben – Ihr *Schreibtisch*, Ihre *Arbeitsfläche*.

Das Windows-Symbol für Ihre Arbeitsfläche – *Desktop* – sieht so aus:

Ihr Desktop-Symbol ...

... manchmal auch mit Beschriftung

Sie finden es z.B. unten links in Ihrer Taskleiste. Immer dann, wenn Sie während einer Arbeit auf den Desktop schauen möchten, zeigt Ihr Computer Ihnen durch einen Klick auf das Symbol in der Taskleiste den Desktop an.

Es ist praktisch, einige besonders wichtige Dateien auf dem Desktop zu speichern, denn so haben Sie sehr schnell und bequem Zugriff darauf!

Die folgende Speicherübung zeigt Ihnen, wie es geht. Natürlich ändern Sie dazu den Speicherort – denn ohne Änderung speichern Sie, wie Sie ja wissen, stets im Ordner *Eigene Dateien*.

Eine Textdatei auf dem Desktop speichern

Arbeiten (Dateien), die Sie täglich brauchen bzw. an denen Sie regelmäßig arbeiten, sollten Sie direkt auf dem Desktop speichern. Bei diesem Vorgang wird ein Dateisymbol für die jeweilige Datei auf dem Desktop angelegt und erscheint auf der Arbeitsfläche sobald der Computer gestartet ist.

Mit diesem Dateisymbol können Sie einfach auf die Datei zugreifen und sie öffnen. Mit dem Öffnen der Datei vom Desktop aus startet Ihr Computer auch gleichzeitig das dazugehörige Programm, denn ohne dieses könnte der PC Ihnen den Inhalt der Datei nicht zeigen.

Wie praktisch! – Sie brauchen zum Öffnen dann nicht mehr aus dem *Start*-Menü das Programm zu starten – es passiert automatisch.

Für die Praxisübung starten Sie bitte wieder das Programm *Editor* und schreiben erneut zwei oder drei Textzeilen.

Schritt für Schritt – so speichern Sie eine Datei auf dem Desktop

1 Klicken Sie mit der linken Maustaste auf das Wort *Datei* oben links in der Menüleiste. Das Menü *Datei* klappt auf.

2 Bewegen Sie den Mauszeiger auf die Option *Speichern unter* in diesem Menü:

3 Klicken Sie kurz und prägnant mit der linken Maustaste auf *Speichern unter,* ohne die Maus dabei zu bewegen.

4 Auf dem Bildschirm erscheint das Dialogfenster *Speichern unter* (bis hierhin kannten Sie schon alles; ab dem nächsten Schritt kommt etwas Neues):

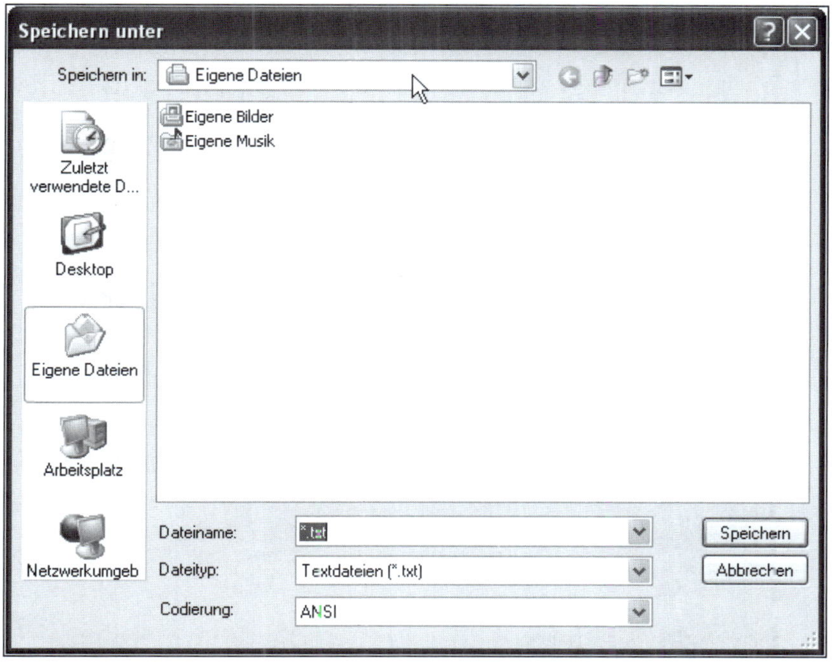

5 Auf der linken Seite im Dialog *Speichern unter* können Sie fünf verschiedene größere Symbole erkennen. Eines davon ist das *Desktop*-Symbol, das Sie vorhin im Text bereits kennen gelernt haben. Bewegen Sie den Mauszeiger auf das Symbol *Desktop* und klicken Sie mit der linken Maustaste:

6 Durch Anklicken des Desktop-Symbols hat sich im *Speichern unter*-Fenster etwas Wesentliches verändert. Beachten Sie die obere Zeile *Speichern in* – dort steht nun *Desktop*.

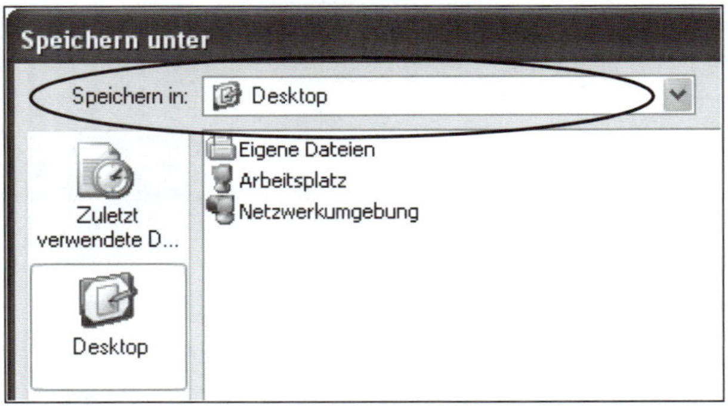

7 Geben Sie der Datei nun einen Namen, dieser wird in der unteren Zeile *Dateiname* eingetragen. Zur Erinnerung: Verwenden Sie einen einprägsamen Namen, der auf den Inhalt der Datei deutlich hinweist. Sollte in der Zeile *Dateiname* eine Vorgabe stehen, klicken Sie rechts daneben und löschen alles mit der Korrekturtaste. Dann können Sie den neuen Namen eingeben.

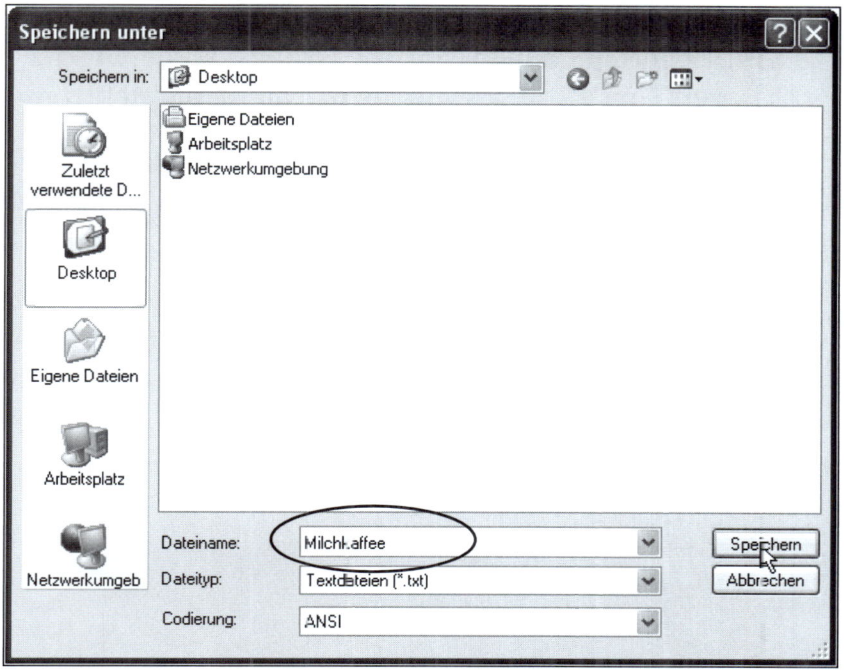

8 Bewegen Sie den Mauszeiger auf die Schaltfläche *Speichern* rechts neben der Zeile *Dateiname* und klicken Sie mit der linken Maustaste. Etwa so:

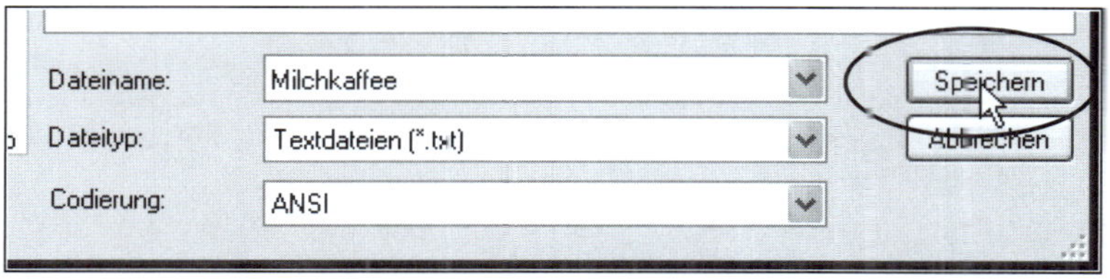

9 Nach dem Anklicken des Buttons *Speichern* kehren Sie automatisch zum Editor-Fenster zurück, in dem Ihr Text noch steht.

10 Voilà, Sie haben soeben Ihren Text auf dem Desktop gespeichert. Schauen Sie sicherheitshalber in der Titelleiste nach, ob dort der neue Dateiname steht.

Zur Überprüfung, ob das Speichern auf dem Desktop geklappt hat ...

... beenden Sie bitte das Programm *Editor* mit dem Button X oben rechts in Ihrer Titelleiste. Sie sehen nun wieder den Desktop vor sich. Sie erkennen darauf ein neues Symbol. Es sieht aus wie ein Notizblock und unter dem Symbol steht der von Ihnen vergebene Dateiname. So siehts aus:

Ihr Desktop mit dem neuen Dateisymbol

Eine etwas deutlichere Ansicht:

Das Dateisymbol

> Wie Sie sich vorstellen können, kann häufiges Speichern auf dem Desktop auch zu Chaos führen. Es ist nicht ratsam, 30 oder 40 Dateien dort zu hinterlegen. Speichern Sie auf dem Desktop nur wirklich häufig verwendete Dateien!
>
> RAT

Öffnen der Datei vom Desktop aus

Sie haben in der letzten Speicherübung Ihren Text auf dem Desktop gespeichert. Und wie Sie schon wissen, können Sie durch Klick auf das zugehörige Symbol die Datei öffnen und gleichzeitig das Programm *Editor* starten. Der einfache Mausklick reicht hierfür aber nicht aus.

Bisher haben Sie stets einmal mit der linken Maustaste – kurz und prägnant – geklickt. Um über das Symbol auf dem Desktop die zugehörige Datei zu aktivieren (zu *öffnen*), müssen Sie aber zweimal, und zwar ganz kurz hintereinander, die linke Maustaste drücken bzw. zweimal mit ihr klicken. Das wird auch *Doppelklick* genannt.

Schritt für Schritt – so öffnen Sie Ihre Datei vom Desktop aus

1. Bewegen Sie den Mauszeiger auf dem Desktop auf das Symbol Ihrer Datei.

2. Verweilen Sie mit dem Mauszeiger auf dem Dateisymbol und klicken Sie zweimal kurz hintereinander mit der linken Maustaste (*Doppelklick*). Dabei darf sich Ihre Maus nicht bewegen!

3. Haben Sie erfolgreich doppelgeklickt, dann erscheint das Fenster des Programms *Editor* automatisch auf dem Monitor und Sie sehen Ihren Text wieder!

RAT

Der Doppelklick will geübt sein. Verzagen Sie nicht, wenn es auf nicht Anhieb klappt. Passiert nichts auf Ihrem Bildschirm, dann klicken Sie solange doppelt, bis etwas geschieht. Achten Sie unbedingt darauf, dass Sie die Maus dabei ruhig halten.

Zur Erinnerung

- Verwenden Sie die Option *Speichern unter* im Menü *Datei*, um einen Text einfach zu speichern,
- vergeben Sie kurze und prägnante Dateinamen.
- Nach dem Speichern erscheint der Dateiname in der Titelleiste.
- Sie öffnen eine Datei durch das Menü *Datei* und die Option *Öffnen*.
- Die Laufwerke Ihres PCs sind durch verschiedene Laufwerksbuchstaben gekennzeichnet.
- Der Ordner *Eigene Dateien* ist der erste Ort für das einfache Speichern von Dateien und befindet sich auf Ihrer *Festplatte* (C:).
- Ein *Ordner* ist ein Bereich, in dem Sie verschiedene Dateien sammeln können.
- Sie können den Speicherort verändern, indem Sie z. B. den *Desktop* aussuchen.
- Im Dialog *Speichern unter* legen Sie den Speicherort und den Namen der zu speichernden Datei fest.
- In der Zeile *Speichern in* legen Sie den Speicherort fest, in der Zeile *Dateiname* den Namen der zu speichernden Datei
- Der *Desktop* eignet sich als Speicherort für sehr häufig verwendete Dateien.
- Sie öffnen eine Datei auf Ihrem *Desktop* durch einen kurzen, schnellen *Doppelklick* mit der linken Maustaste.

Der Papierkorb und das Löschen von Dateien

Los geht's

- In diesem Kapitel lernen Sie den Papierkorb Ihres Computers kennen,
- löschen eine Datei und
- holen diese wieder aus dem Papierkorb heraus.

Der Papierkorb und das Prinzip des Löschens

Wenn Sie eine Datei von der Festplatte löschen, landet sie grundsätzlich im Papierkorb Ihres Computers. Das ist ein kleiner Sicherheitsfaktor - die gelöschte Datei ist im Papierkorb noch nicht unwiederbringlich fort!

Der Papierkorb ist ein Bereich der Festplatte, der alle von Ihnen gelöschten Dateien zunächst sammelt, damit Sie sie notfalls wieder herausholen können.

Im Folgenden löschen Sie die gespeicherte Textdatei des vorherigen Kapitels wieder vom Desktop. Sie sollten nun den Desktop sehen.

Schritt für Schritt – das Dateisymbol wieder vom Desktop entfernen

1 Bewegen Sie den Mauszeiger auf dem Desktop auf das Symbol der Datei mit Ihrem Text.

2 Markieren Sie das Dateisymbol, indem Sie einmal kurz und prägnant mit der linken Maustaste klicken ohne dabei die Maus zu bewegen. Sie sehen: Das Symbol wird hellblau unterlegt.

Das markierte Dateisymbol

3 Drücken Sie die Entf-Taste auf der Tastatur.

4 Es erscheint ein Hinweisfenster auf Ihrem Bildschirm, in dem Sie gefragt werden, ob die Datei wirklich in den *Papierkorb* verschoben werden soll.

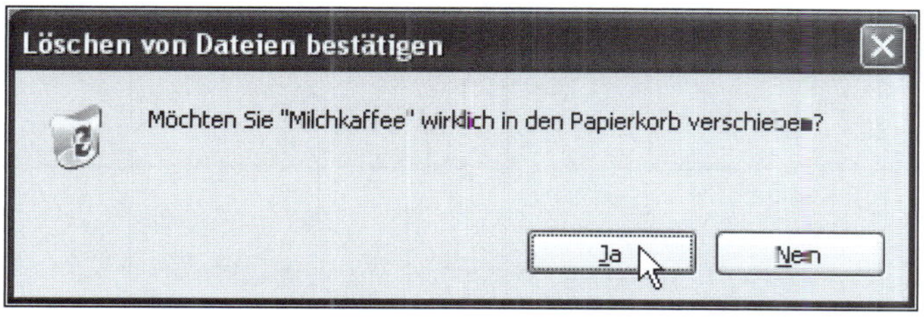

Das Hinweisfenster vor dem Löschen/Verschieben einer Datei in den *Papierkorb*

5 Bewegen Sie den Mauszeiger auf *Ja* und klicken Sie einmal mit der linken Maustaste.

6 Die Datei ist nun vom Desktop verschwunden und liegt (für Sie im Moment nicht sichtbar) im *Papierkorb*.

Auf diese Weise können Sie auch an anderen Stellen Dateien löschen. Wichtig ist, dass Sie die zu löschende Datei markieren, bevor Sie die Entfernen-Taste (Entf) tippen. Erst durch die Markierung *weiß* Ihr Computer, was er löschen soll.

Sie werden vor dem Löschen einer Datei immer gefragt, ob diese wirklich in den *Papierkorb* verschoben werden soll. An dieser Stelle haben Sie immer noch die Möglichkeit, *Nein* anzuklicken, und der Löschvorgang wird nicht durchgeführt.

Eine Datei aus dem *Papierkorb* wiederherstellen

Genau wie an einem realen Arbeitsplatz mit Schreibtisch und Papierkorb können Sie aus Ihrem *Computer-Papierkorb* Dateien wieder herausholen, wenn sie versehentlich dorthin gelangt sind oder Ihnen später einfällt, dass Sie eine Datei doch noch brauchen. Das Herausholen aus dem *Papierkorb* nennt sich *wiederherstellen*.

Beim *Wiederherstellen* wird die Datei wieder an ihrem ursprünglichen Ort gespeichert. Das heißt, Sie finden die Datei wieder genau da, wo Sie sie zuvor gelöscht haben.

Schritt für Schritt – gelöschte Dateien aus dem *Papierkorb* wiederherstellen

Auf dem Desktop sehen Sie das Symbol *Papierkorb*.

1 Bewegen Sie den Mauszeiger auf das Symbol *Papierkorb* und doppelklicken Sie mit der linken Maustaste, ohne die Maus dabei zu bewegen.

2 Das Fenster, welches zu Ihrem *Papierkorb* gehört, öffnet sich.

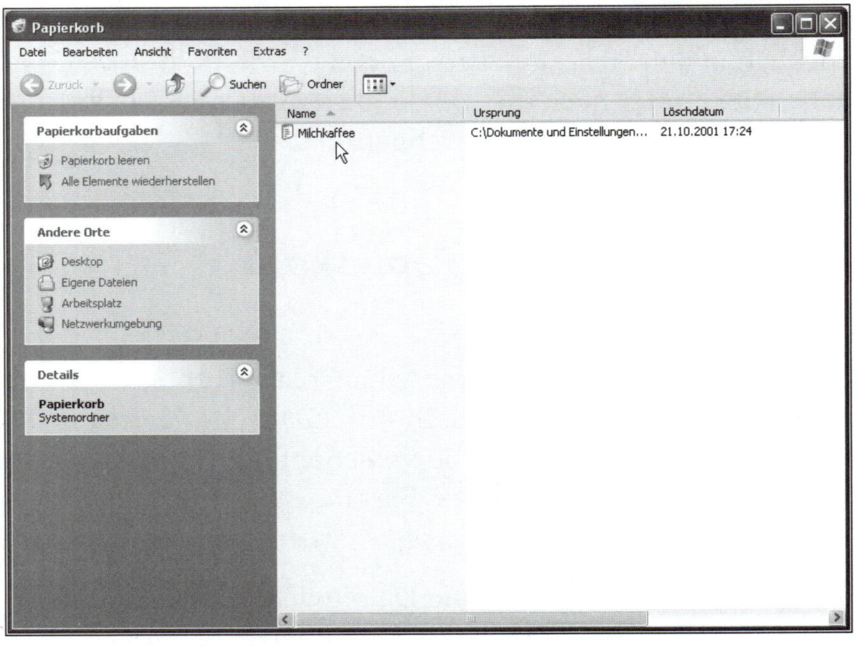

Der *Papierkorb* von *Windows XP*

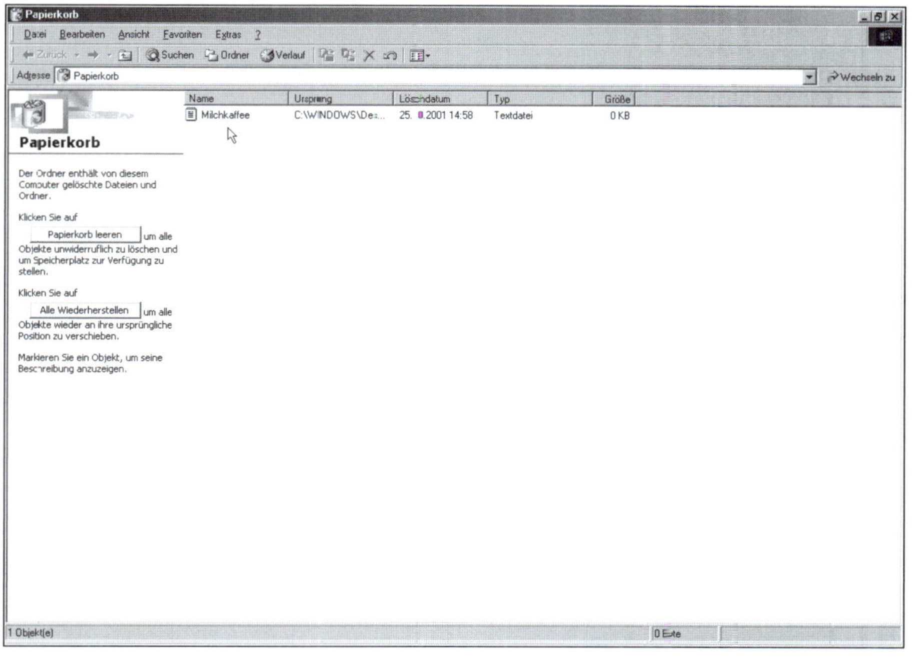

Der *Papierkorb* von *Windows Me*

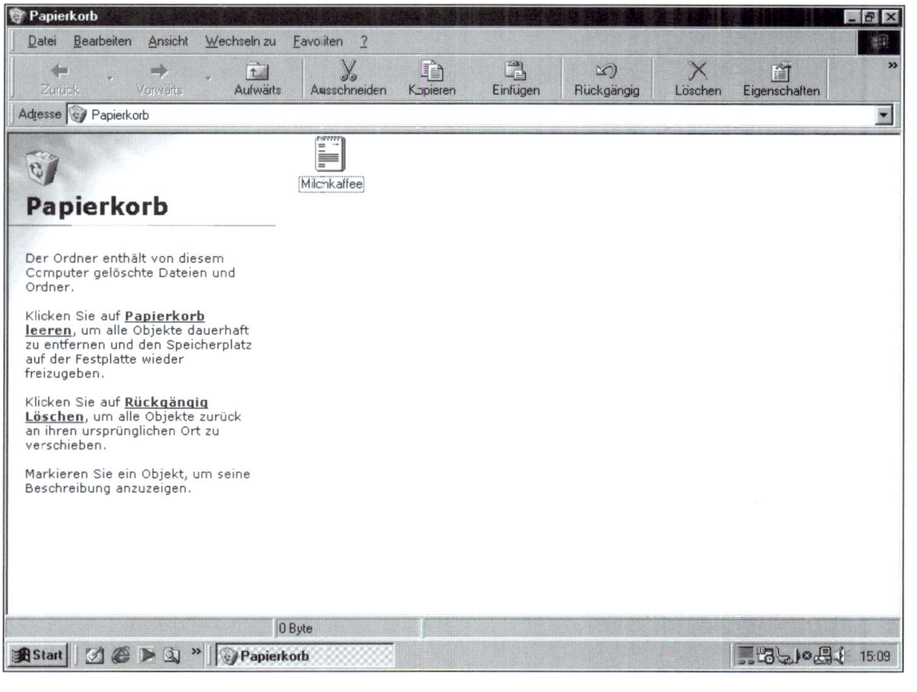

Der *Papierkorb* von *Windows 98*

3 In dem Fenster *Papierkorb* können Sie die Datei sehen, die Sie gelöscht haben.

Windows XP

Windows Me

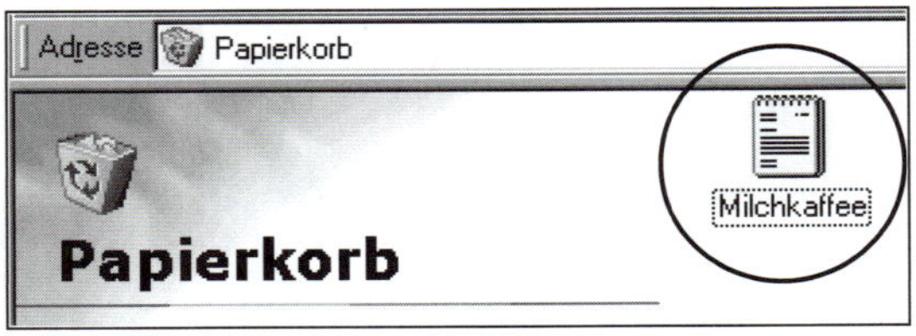

Windows 98

4 Markieren Sie diese Datei, indem Sie einmal mit der linken Maustaste klicken, während der Mauszeiger darauf zeigt. Die Datei wird blau unterlegt.

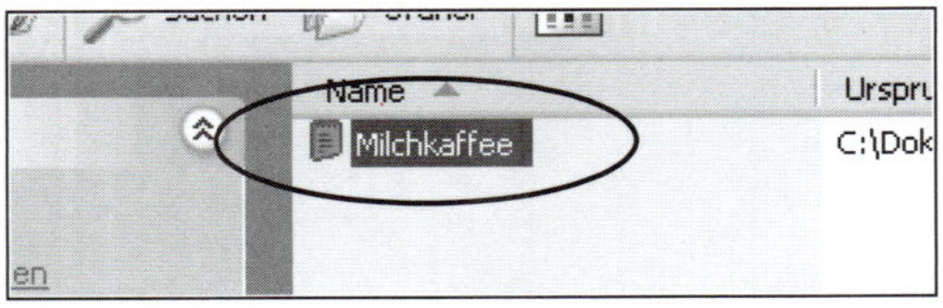

5 Links oben im Fenster *Papierkorb* sehen Sie eine Zeile mit einem grünen Pfeilsymbol: *Element wiederherstellen*. Bei Windows Me und 98 heißt das nur *Wiederherstellen*.

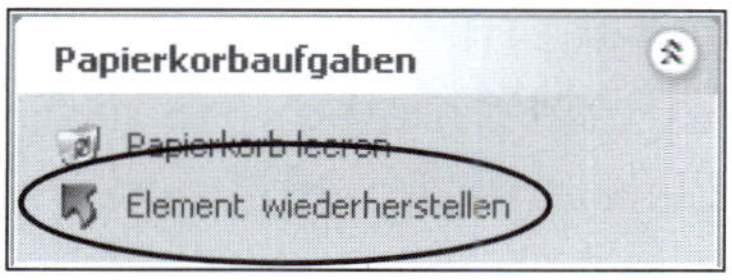

Windows XP

Windows Me

Windows 98

6 Bewegen Sie den Mauszeiger auf die Zeile *Element wiederherstellen* oder *Wiederherstellen*. Aus dem Mauszeiger wird eine Hand mit einem ausgestreckten Zeigefinger.

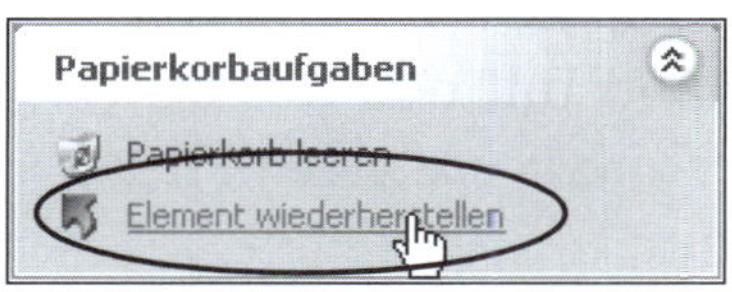

7 Klicken Sie mit der linken Maustaste während die Hand auf *Element wiederherstellen* oder *Wiederherstellen* zeigt.

8 Voilà – Sie haben soeben Ihre Datei aus dem Papierkorb zurück auf den Desktop geholt und damit *wiederhergestellt*.

9 Schließen Sie das Papierkorb-Fenster mit dem Button X oben rechts in der Titelleiste und schauen Sie auf dem Desktop nach, ob Sie die Datei tatsächlich wieder sehen können.

Super! Nun wissen Sie schon sehr viel über das Löschen und Wiederherstellen von Dateien. Bedenken Sie dabei, dass die Datei immer an dem Ort wiederhergestellt wird, wo sie vor dem Löschen gespeichert wurde.

Zur Erinnerung

- Bevor Sie eine Datei löschen können, müssen Sie sie durch einen kurzen, prägnanten Klick mit der linken Maustaste auf das Dateisymbol markieren.
- Markieren bedeutet, dass das Dateisymbol eine andere Farbe bekommen hat.
- Durch tippen der Entfernen-Taste (Entf) Ihrer Tastatur leiten Sie den Löschvorgang ein.
- Sie werden gefragt, ob die Datei wirklich in den *Papierkorb* verschoben werden soll; durch Klicken mit der linken Maustaste auf *Ja* wird die Datei in den *Papierkorb* verschoben.
- Durch Öffnen des Symbols *Papierkorb* per Doppelklick schauen Sie in Ihren Papierkorb hinein.
- Sie können eine Datei wieder aus dem Papierkorb herausholen, indem Sie sie markieren und auf *Element wiederherstellen* (oder *Wiederherstellen*) klicken.
- Nach dem *Wiederherstellen* befindet sich die Datei wieder an ihrem ursprünglichen Speicherort.

Wie Sie Ihre Dateien besser organisieren

Los geht's

- In diesem Kapitel erfahren Sie, wie wichtig eine gute Organisation von Dateien ist,
- Sie lernen, einen neuen Ordner anzulegen,
- Sie schauen in diesen neuen Ordner hinein,
- speichern eine Textdatei im neuen Ordner
- und überprüfen, ob das Speichern geklappt hat.

Einen neuen Ordner anlegen

Erinnern Sie sich? Ein Ordner ist ein Bereich, in dem Sie Ihre Dateien sammeln können. Den Ordner *Eigene Dateien* haben Sie schon kennen gelernt.

Sie können nicht nur mit dem Ordner *Eigene Dateien* arbeiten, sondern auch neue Ordner anlegen, die zum Beispiel *Meine Gedichte* heißen können oder *Meine Bilder im Februar*.

Je mehr Arbeiten Sie mit dem Computer ausführen, desto wichtiger wird es, dass Sie ein eigenes Ordnungssystem besitzen. Ohne Ordnungssystem kommt es nach einigen Monaten leicht vor, dass Sie Dateien nicht wiederfinden und ein regelrechtes Dateichaos auf der Festeplatte eingetreten ist. Daher ist dieses Kapitel ein ganz wichtiges!

Es hört sich plausibel an: Wenn Sie diszipliniert z.B. all Ihre Gedichte im Ordner *Meine Gedichte* speichern, dann brauchen Sie immer nur in diesen Ordner zu schauen, um Ihre Gedichte wiederzufinden.

Einen neuen Ordner im Ordner *Eigene Dateien* anlegen

Der Ordner *Eigene Dateien* liegt direkt auf der Festplatte. Dieser Ordner hat immer ein bestimmtes Symbol, welches so aussieht:

Die meisten Ordner haben ein schlichteres Symbol, nämlich dieses:

Der Ordner *Eigene Dateien* ist ein so genannter *Hauptordner*. *Hauptordner* deswegen, weil es nichts Übergeordnetes mehr gibt, außer der Festplatte.

Sie können in einem Ordner einen anderen Ordner erstellen (hineinlegen). So ein Ordner nennt sich *Unterordner*. Er ist dem Ordner, in dem er liegt, untergeordnet. Ein Beispiel aus dem realen Leben: Der Hauptordner ist der Aktenordner, in dem sich mehrere Schnellhefter, die *Unterordner*, befinden.

Der neue Ordner, den Sie in der nächsten Übung erstellen, ist ein solcher Unterordner. Sie erstellen ihn im Hauptordner *Eigene Dateien* und das geht so:

Schritt für Schritt – einen neuen Ordner im Hauptordner *Eigene Dateien* anlegen

1 Auf dem Desktop sehen Sie das Symbol des Ordners *Eigene Dateien*. Bewegen Sie den Mauszeiger auf das Symbol und doppelklicken Sie mit der linken Maustaste. Die Maus darf sich dabei nicht bewegen.

2 Durch den Doppelklick auf das Symbol öffnen Sie den Ordner *Eigene Dateien*. Das zugehörige Fenster sieht so aus:

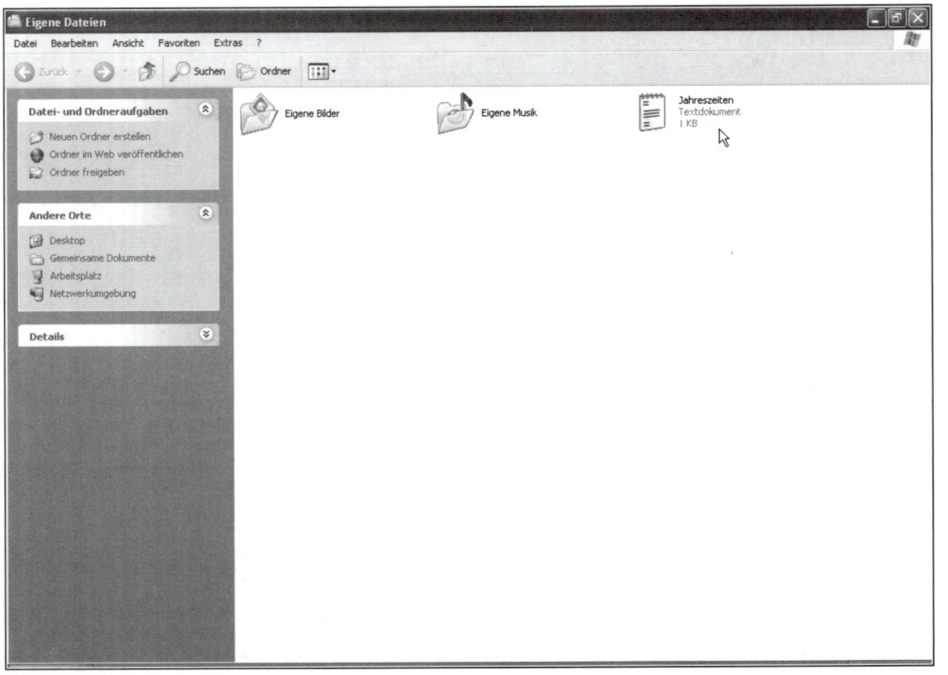

3 In dem Fenster sehen Sie andere Ordnersymbole und Ihre Textdatei aus einer der vorherigen Speicherübungen. Auf der linken Seite des Fensters sehen Sie eine Zeile, die *Neuen Ordner erstellen* heißt. In *Windows Me* und *98* gibt es die nicht.

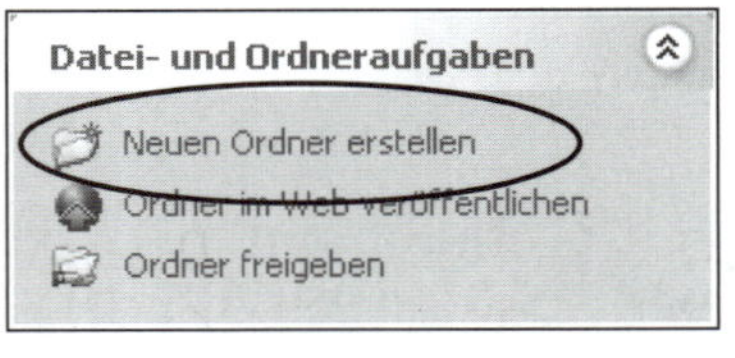

4 Für *Windows XP*: Bewegen Sie den Mauszeiger auf diese Zeile. Aus dem Mauszeiger wird eine Hand mit einem ausgestreckten Zeigefinger. Klicken Sie mit der linken Maustaste, während diese Hand zu sehen ist.
Für *Windows Me und 98*: Klicken Sie oben links in der Menüleiste auf *Datei*, gehen Sie mit dem Mauszeiger im Menü *Datei* auf *Neu*, warten ein wenig bis *Ordner*

erscheint und klicken dann mit der linken Maustaste auf *Ordner*.

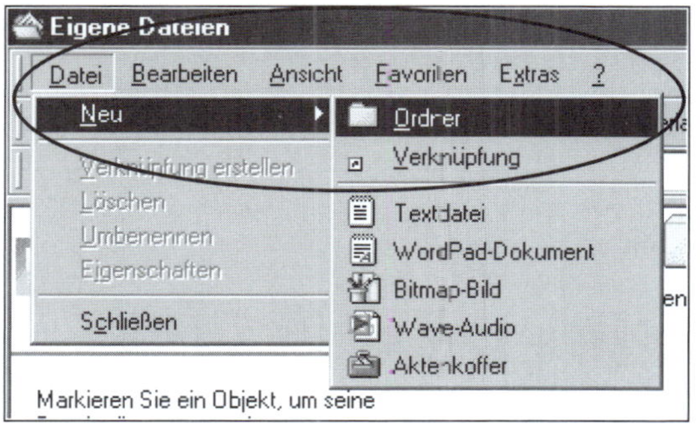

Windows Me

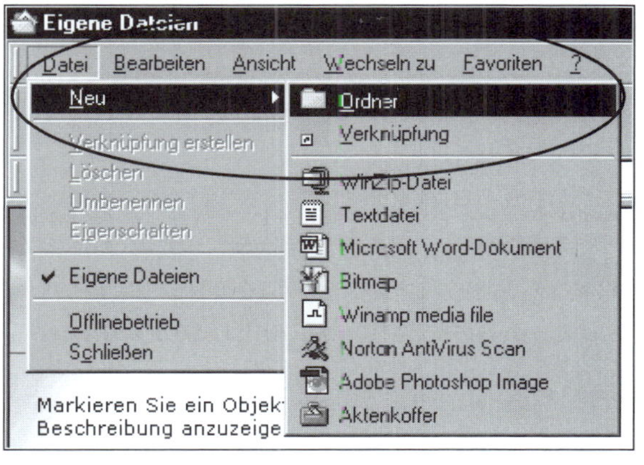

Windows 98

5 In dem rechten Fensterbereich erscheint ein neues Symbol für einen Ordner mit dem Namen *Neuer Ordner*. Der Name ist blau unterlegt und der Cursor blinkt rechts daneben. *Wichtig:* Jetzt nicht klicken, sonst verschwindet die blaue Markierung und der Ordner heißt nur *Neuer Ordner*. Falls Sie doch versehentlich geklickt haben, schauen Sie bitte in diesem Kapitel unter *„Einen neu erstellten Ordner umbenennen"*, wie man dieses Problem leicht lösen kann.

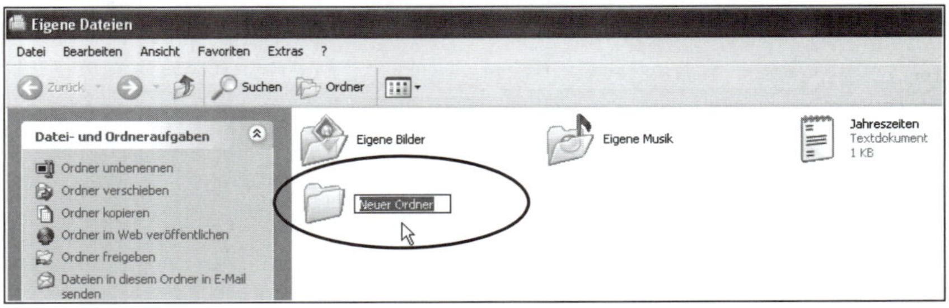

Ein neues Symbol für einen neuen Ordner in *Windows XP*

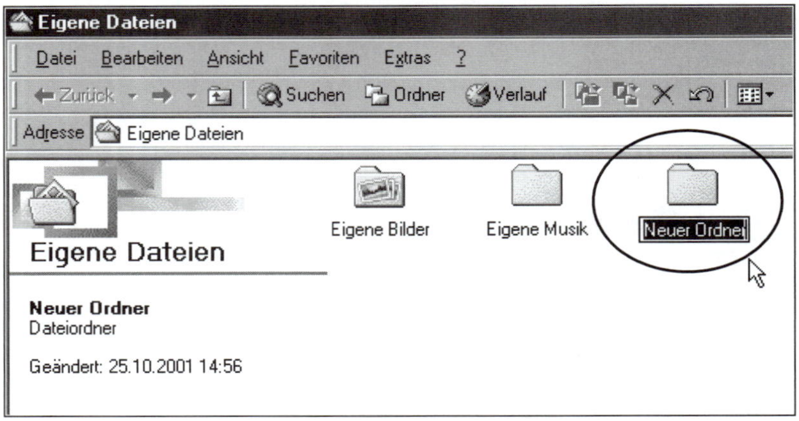

Windows Me

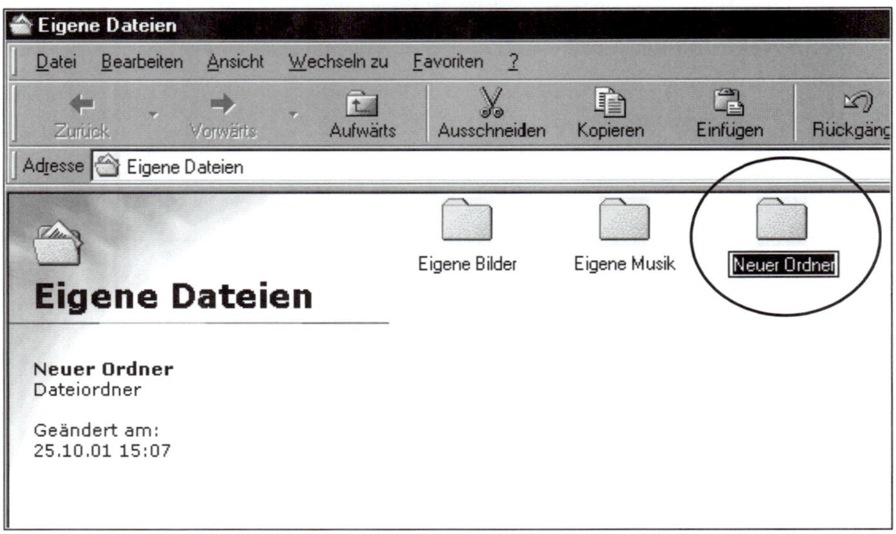

Windows 98

6 Schreiben Sie jetzt mit der Tastatur einen Namen für Ihren Ordner. Die blaue Markierung verschwindet von alleine. Im Beispiel sieht das so aus:

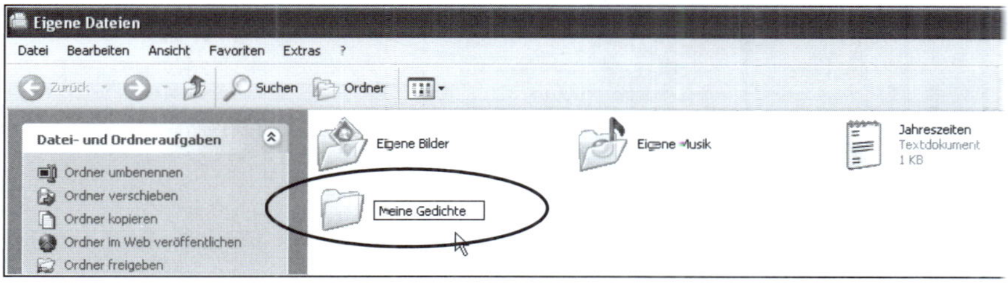

Der neue Ordner bekam den Namen *Meine Gedichte*

Wichtig: Sie müssen den geschriebenen Namen bestätigen. Das tun Sie, indem Sie den Mauszeiger in den weißen Bereich des Fensters bewegen und einmal mit der linken Maustaste klicken.

Durch die Bestätigung des Namens sieht der Ordner jetzt so aus:

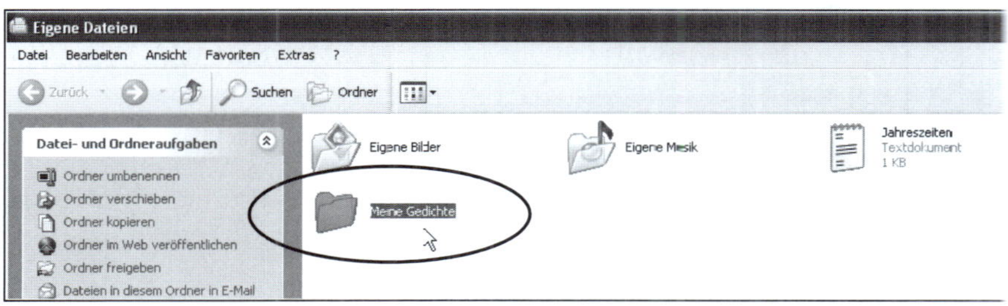

Der neue Ordner mit seinem neuen Namen – er ist blau unterlegt und es blinkt nicht mehr

7 Klicken Sie noch einmal in den weißen Bereich des Fensters, dann verschwindet die blaue Markierung und der neue Ordner sieht etwa so aus:

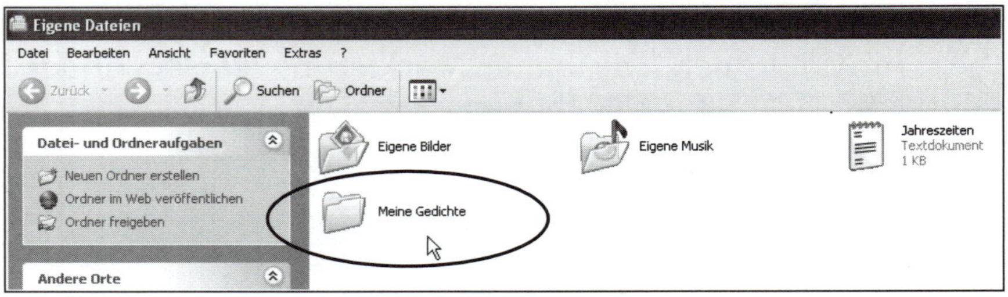

Voilà, Sie haben soeben den ersten eigenen Ordner erstellt

8 Um den Ordner zu öffnen, doppelklicken Sie auf sein Symbol – zweimal kurz hintereinander mit der linken Maustaste, ohne die Maus dabei zu bewegen.

Der Ordner wird geöffnet und das zugehörige Fenster sieht so aus:

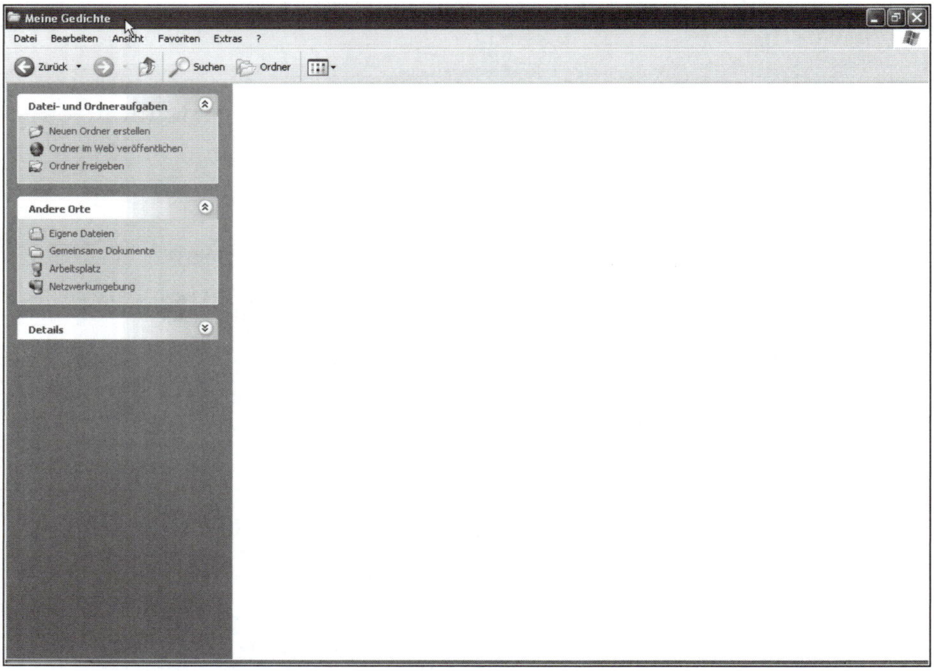

Jetzt schauen Sie direkt in den neu angelegten Ordner hinein.

Da noch kein Inhalt, keine Dateien, im neuen Ordner sind, gibt es im rechten, weißen Bereich des Fensters auch noch nichts zu sehen.

Dass Sie in diesem Fenster alles sehen können, was den neuen Ordner betrifft (also auch seine Leere), zeigt Ihnen die Titelleiste – der Name des neuen Ordners steht darin.

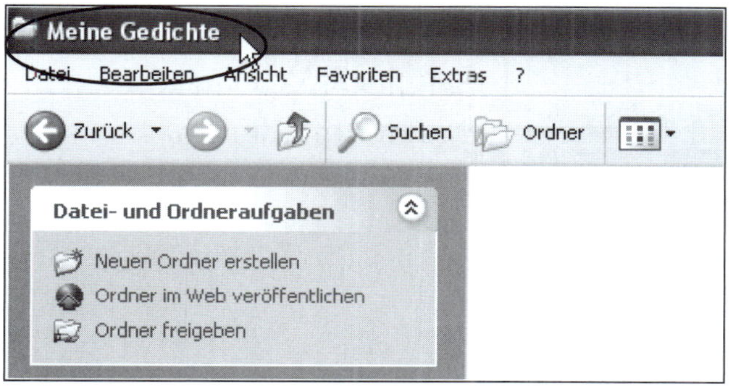

Der Name des neuen Ordners in der Titelleiste

In der kommenden Übung lernen Sie, einen Text im neuen Ordner zu speichern. Schließen Sie bitte vorher das Fenster Ihres neuen Ordners mit dem Button X oben rechts.

Schritt für Schritt – einen neu erstellten Ordner umbenennen

1 Falls Sie einen Ordner versehentlich unter dem Namen *Neuer Ordner* erstellt haben, gerne aber einen anderen Namen eingeben würden, können Sie das ganz einfach ändern. Sie können sich dazu der rechten Maustaste und des Kontextmenüs bedienen (mehr zur rechten Maustaste und dem Kontextmenü finden Sie im Kapitel *„Das Leben ist bunt – Das kann der Desktop auch"*).

2 Bewegen Sie dazu den Mauszeiger auf den gerade erstellten Ordner *Neuer Ordner* und klicken kurz mit der rechten Maustaste. Der Name des Ordners wird blau hinterlegt und es erscheint ein zusätzliches Fenster - das *Kontextmenü*.

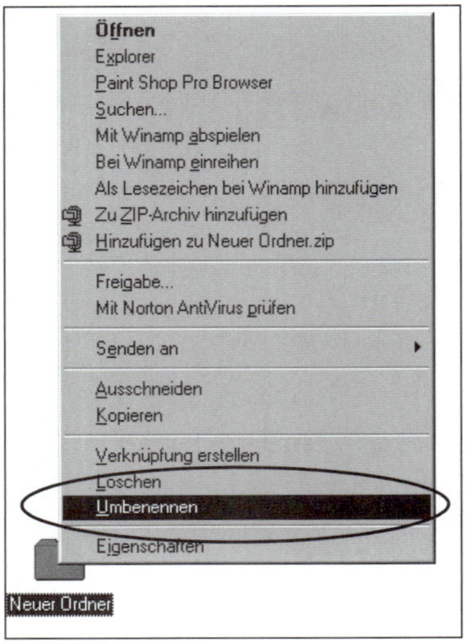

Kontextmenü in *Windows 98*

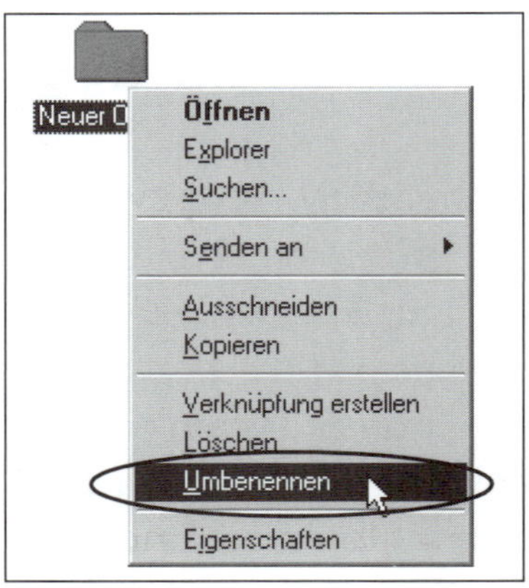

Kontextmenü in *Windows Me*

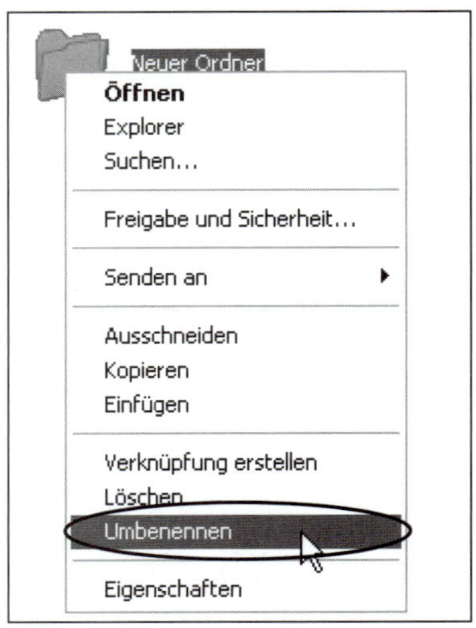

Kontextmenü in *Windows XP*

3 Bewegen Sie den Mauszeiger auf den Menüeintrag *Umbenennen* im Kontextmenü und klicken einmal, diesmal mit der linken Maustaste. Das Kontextmenü verschwindet und hinter dem Namen Ihres *alten* Ordners, der blau unterlegt ist, blinkt ein Cursor.

Ihr alter Ordner in *Windows 98* und *Windows Me*

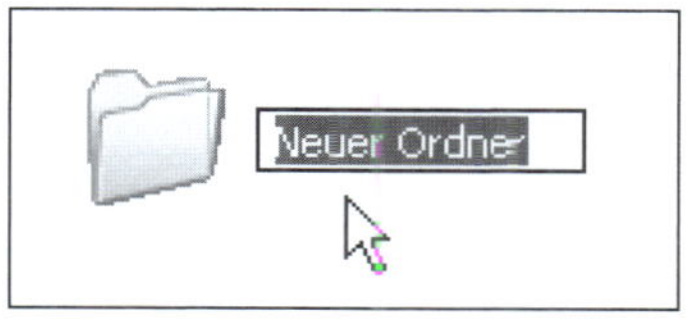

und *Windows XP*

4 Tragen Sie jetzt den gewünschten Namen, z.B. *Meine Gedichte*, ein und bestätigen Sie ihn, indem Sie einmal mit der linken Maustaste klicken, während der Mauszeiger auf das Ordnersymbol zeigt. Nach der Bestätigung sieht der Ordner so aus:

Windows 98 und *Windows Me*

Windows XP

5 So einfach ging es, oder? Es besteht auch eine zweite Möglichkeit, einen Ordner neu zu benennen, indem Sie einen ganz neuen Ordner erstellen. Sie sollten aber davor den falsch benannten Ordner löschen, indem Sie mit dem Mauszeiger auf den Ordner *neuer Ordner* gehen und mit der linken Maustaste einmal kurz darauf klicken. Der Ordner wird blau hinterlegt und Sie können ihn durch das Drücken der [Entf]-Taste verschwinden lassen. Und jetzt legen Sie bitte einen neuen Ordner an. Die Schritte sind Ihnen mittlerweile bekannt.

Eine Textdatei in Ihrem neuem Ordner speichern

Sie kennen es schon: Wieder brauchen Sie das Programm *Editor,* um einen kleinen Text zu schreiben und diesen im neuen Ordner zu speichern. Bitte starten Sie das Programm und schreiben Sie zwei oder drei kleine Zeilen.

Schritt für Schritt – so speichern Sie diesen Text in den neuen Ordner

1 Klicken Sie mit der linken Maustaste auf das Wort *Datei* oben links in der Menüleiste. Das Menü *Datei* klappt auf.

2 Bewegen Sie den Mauszeiger auf die Option *Speichern unter* in diesem Menü. Sie sehen dieses:

3 Klicken Sie kurz und prägnant mit der linken Maustaste die Option *Speichern unter an.*

4 Auf dem Bildschirm erscheint der Dialog *Speichern unter*:

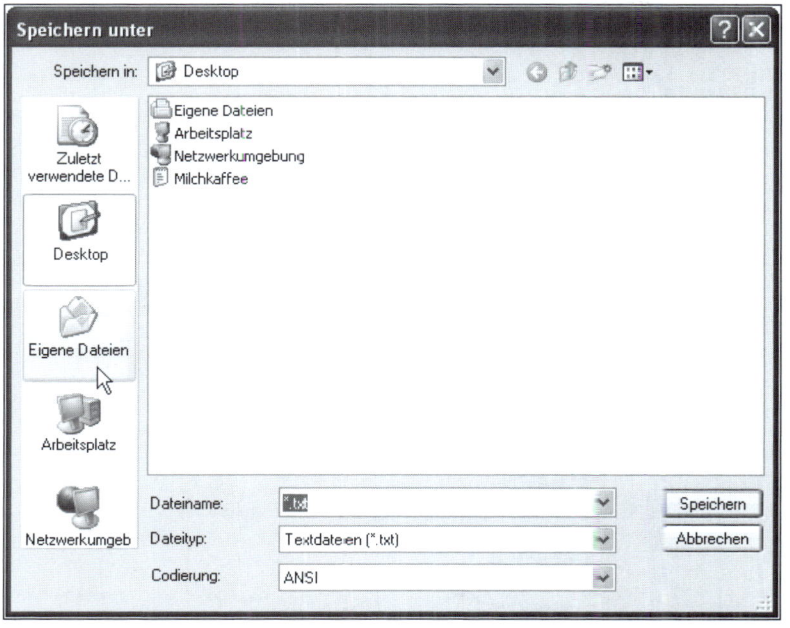

5 Als Speicherort ist der Desktop noch von der vorherigen Speicherübung eingestellt. Das können Sie oben in der Zeile *speichern in* sehen. Es steht *Desktop* darin.

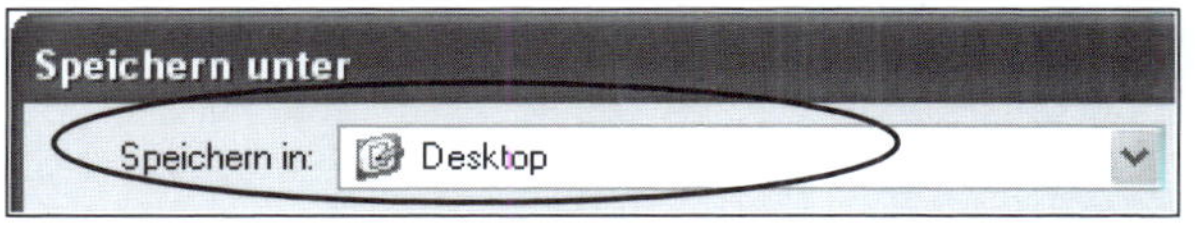

Der Desktop ist noch als Speicherort eingestellt

6 Ihr neuer Unterordner befindet sich im Hauptordner *Eigene Dateien*. Der muss in der Zeile *Speichern in* genannt sein, damit Sie Ihren neuen Ordner sehen können. Um diesen einzustellen, klicken Sie auf der linken Seite des Dialoges *Speichern unter* auf das Symbol *Eigene Dateien*.

7 In der Zeile *Speichern in* steht nun *Eigene Dateien* und im Fensterbereich darunter finden Sie das Symbol des neuen Ordners.

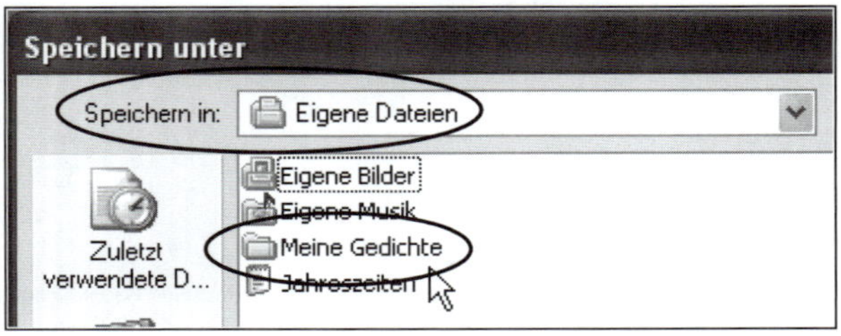

8 Doppelklicken Sie mit der linken Maustaste auf das Symbol Ihres neuen Ordners.

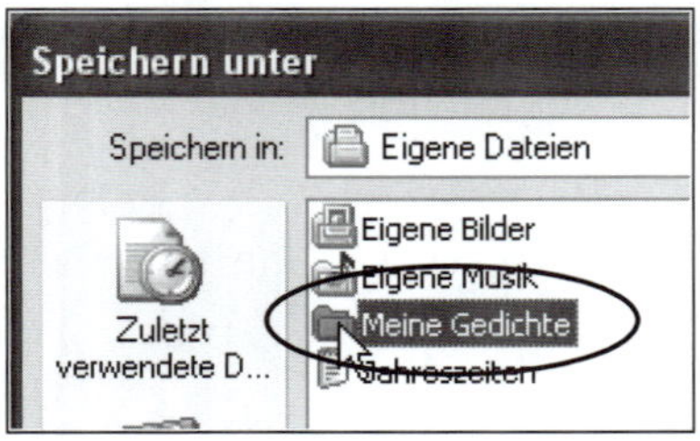

9 Der Ordner wird geöffnet und in der Zeile *Speichern in* steht nun der Name des neuen Ordners. Sie haben ihn als Speicherort für Ihren Text eingestellt.

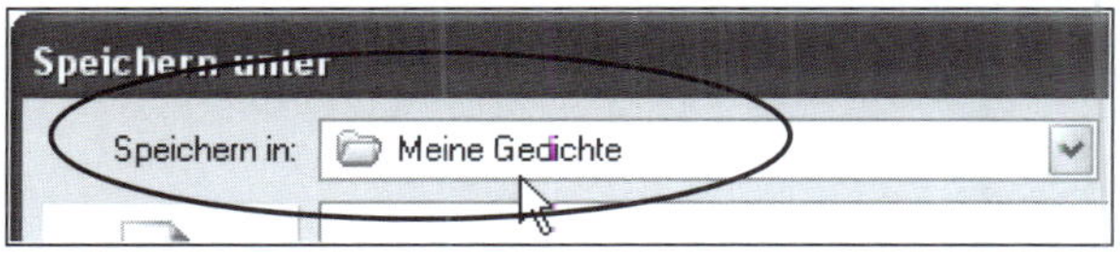

10 Einen neuen Namen für Ihre Datei können Sie in der unteren Zeile *Dateiname* vergeben. Sie klicken rechts neben die Zeichen, die eventuell schon in der Zeile stehen und Löschen diese mit der Korrekturtaste ⇐.

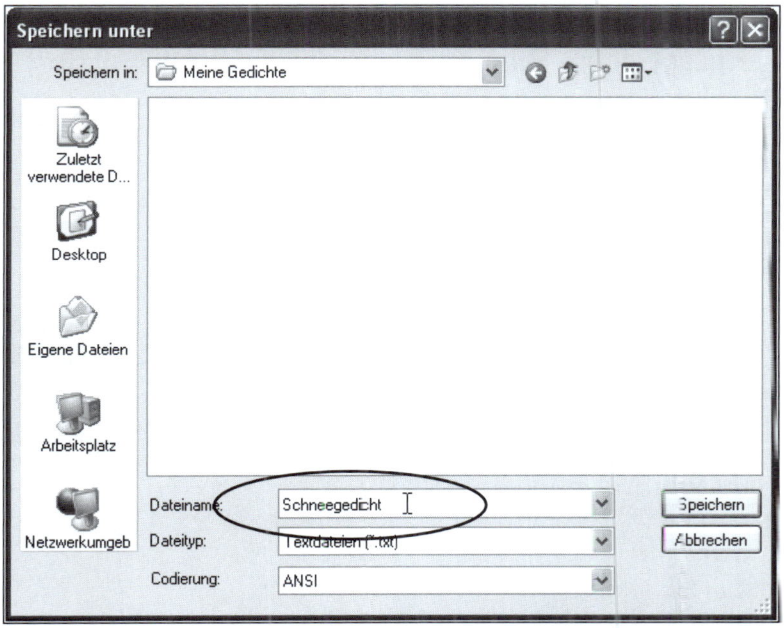

11 Bewegen Sie den Mauszeiger auf die Schaltfläche *Speichern* rechts neben der Zeile *Dateiname* und klicken Sie mit der linken Maustaste.

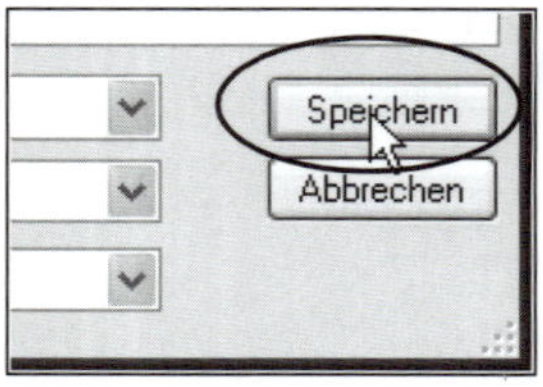

12 Nach dem Anklicken der *Speichern*-Schaltfläche kehren Sie automatisch zum Editor-Fenster zurück, in dem Ihr Text noch steht.

13 Voilà, Sie haben soeben den Text in Ihrem neuen Ordner gespeichert. Schauen Sie in die Titelleiste, ob dort der neue Dateiname steht.

14 Schließen Sie bitte das Editor-Fenster mit dem Button X oben rechts in der Titelleiste.

Schritt für Schritt – zur Überprüfung, ob's auch wirklich geklappt hat ...

... schauen Sie in den neuen Ordner hinein:

1 Auf dem Desktop sehen Sie das Symbol des Ordners *Eigene Dateien*. Bewegen Sie den Mauszeiger auf das Symbol und doppelklicken Sie mit der linken Maustaste. Die Maus darf sich dabei nicht bewegen.

2 Der Ordner *Eigene Dateien* wird geöffnet. In dem zugehörigen Fenster können Sie den neuen Ordner sehen.

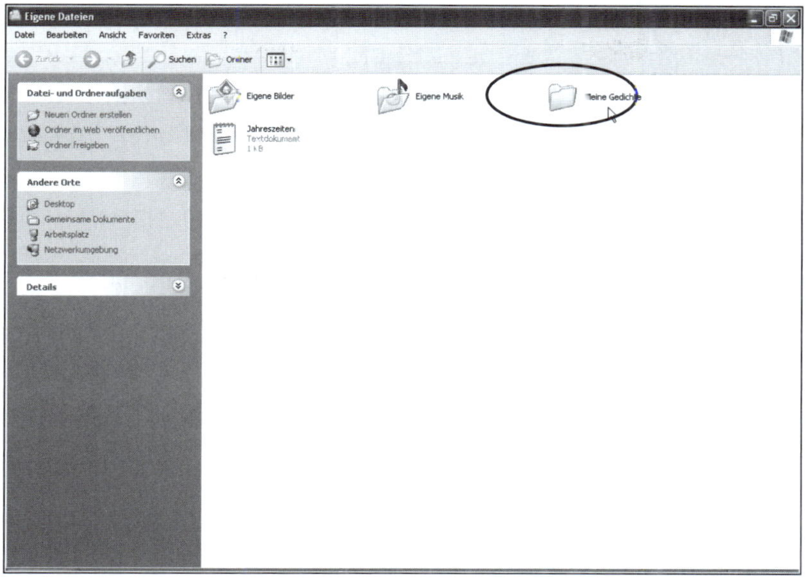

3 Doppelklicken Sie auf das Ordnersymbol mit der linken Maustaste, öffnet sich der zugehörige Ordner.

4 Im Fensters sehen Sie nun ein Dateisymbol mit dem Namen, den Sie gewählt haben: Die Textdatei aus der letzten Speicherübung!

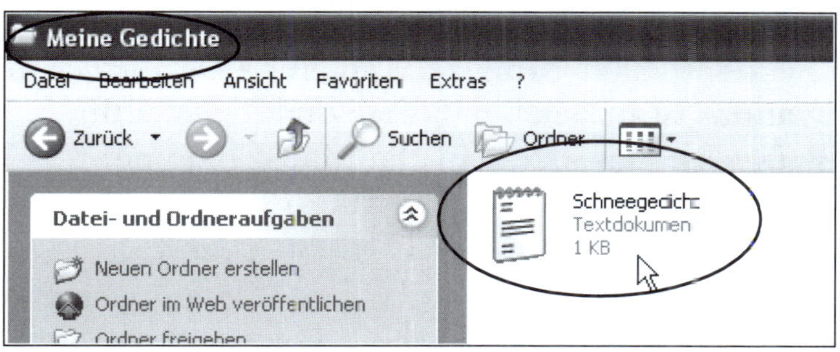

RAT

Sollten Sie nicht den gewünschten Erfolg gehabt haben, dann nehmen Sie ein wenig Abstand und führen die Übung noch einmal durch. Es wird schon klappen!

In diesem Fenster, das den Inhalt Ihres neuen Ordners anzeigt, können Sie Ihre Datei wieder öffnen. Wollen Sie Ihren Text wieder sehen, doppelklicken Sie mit der linken Maustaste auf das Dateisymbol Ihres Textes. Das Programm *Editor* startet automatisch und zeigt Ihren Text an.

Zur Erinnerung

- Ordner dienen der Organisation von Dateien,
- der Ordner *Eigene Dateien* ist ein Hauptordner und jeder andere Ordner, der sich in ihm befindet, ist ein Unterordner.
- Öffnen Sie den Ordner *Eigene Dateien* vom Desktop-Symbol aus, so können Sie links in dem Fenster einen neuen Ordner erstellen.
- Schreiben Sie sofort einen Namen für den neuen Ordner, wenn seine Bezeichnung *Neuer Ordner* heißt, blau unterlegt ist und blinkt.
- Bestätigen Sie den Namen durch Klicken mit der linken Maustaste, während der Mauszeiger irgendwo in den weißen Bereich des Fensters zeigt und lernen Sie einen neu erstellten Ordner umzubenennen.
- Öffnen Sie den neuen Ordner durch einen *Doppelklick* mit der linken Maustaste auf sein Symbol.
- Sehen Sie den Inhalt des Ordners, so sehen Sie seine Bezeichnung in der Titelleiste des zugehörigen Fensters.
- Sie speichern eine Datei in Ihrem neuen Ordner, wenn Sie sein Symbol und seine Bezeichnung im Dialog *Speichern unter* sehen können und einen Doppelklick darauf ausführen. In der Zeile *Speichern in* muss der gewünschte Ordner stehen, damit Sie darin speichern können.

Eine Musik-CD mit dem Computer hören

Los geht's

- In diesem Kapitel erfahren Sie, wie Sie während Ihrer Arbeit eine Musik-CD hören können,
- Sie lernen den *Windows Media Player* kennen
- und erfahren etwas über seine wichtigsten Funktionen.

Mit Musik geht vieles leichter

In den letzten Kapiteln ging es um den Umgang mit Ihrem Computer und um Ihre Arbeitsorganisation.

In diesem Kapitel erfahren Sie, wie Sie mit Ihrem Computer eine Musik-CD abspielen - entweder zur Aufhellung der Teepause oder auch während Sie am PC arbeiten. Mögen Sie die *Flippers* oder lieber *Smetana* hören? Vielleicht haben Sie ja heute auch die Stimmung für *Pink Floyd?*

Jeder moderne Computer hat ein CD-Laufwerk. Dieses CD-Laufwerk kann nicht nur CD-ROMs lesen, sondern auch Musik-CDs abspielen.

Voraussetzung dafür ist natürlich, dass Ihr Computer eine so genannte *Soundkarte* besitzt, die die Musik an die angeschlossenen Lautsprecher weitergibt. Jüngere Computermodelle haben immer eine Soundkarte, da sie mittlerweile zur Standardausstattung gehört.

Zum Betriebssystem Windows gehört ein Programm, welches verschiedene Mediendaten abspielen kann. Dieses Programm heißt *Windows Media Player*.

Dieses Programm benutzen Sie, wenn Sie eine Musik-CD (*Audio-CD*) hören wollen.

Schritt für Schritt – eine Musik-CD hören

1 Legen Sie die Audio-CD in das CD-Laufwerk. Sollten Sie mehrere CD-Laufwerke haben, müssen Sie jedes ausprobieren, da in der Regel nur eines an die Soundkarte und damit an die Lautsprecher angeschlossen ist.

2 Warten Sie ein Moment – Sie können auf dem Desktop erkennen, dass ab und zu ein CD-Symbol am Mauszeiger erscheint. Das bedeutet, dass Windows XP die CD durchsucht.

3 Es erscheint ein Hinweisfenster auf dem Bildschirm, in dem Windows Sie fragt, was mit der CD geschehen soll. Die Option *Audio CD wiedergeben mit Windows Media Player* ist markiert und bereits vorgewählt. Genau das wollen Sie tun!

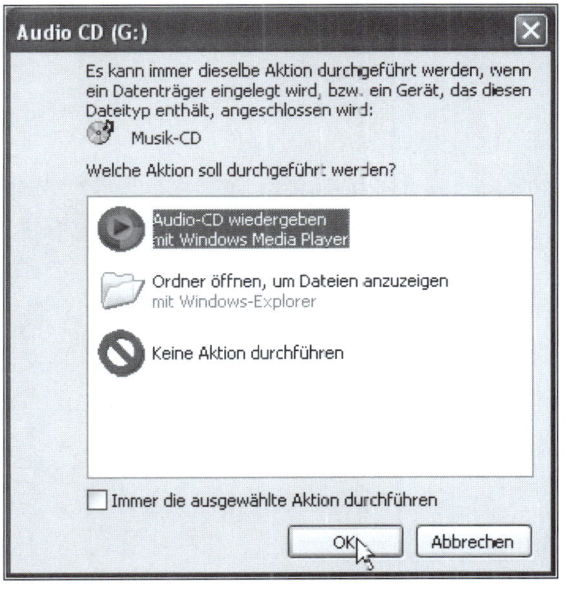

4 Bewegen Sie den Mauszeiger auf *OK* und klicken Sie mit der linken Maustaste.

5 Windows startet nun das Programm *Windows Media Player* und spielt die CD sofort ab.

In *Windows Me* und *98* werden Sie nicht gefragt und das Programm *Windows Media Player* startet direkt – es spielt sofort die CD ab.

Die Grundfunktionen des Programms *Windows Media Player*

Der *Windows Media Player* ist ein Programm, mit dem Sie Mediendaten wiedergeben können. Das muss nicht unbedingt nur Musik sein. Sie können z. B. auch kleine Filme abspielen.

Im Folgenden lernen Sie die Grundfunktionen der Musikwiedergabe des *Media Players* kennen.

Die Bedienung des Programms ist der des normalen CD-Gerätes aus dem Wohnzimmer sehr ähnlich. Die Bedienungselemente finden Sie im unteren Bereich des *Windows Media Player*-Fensters.

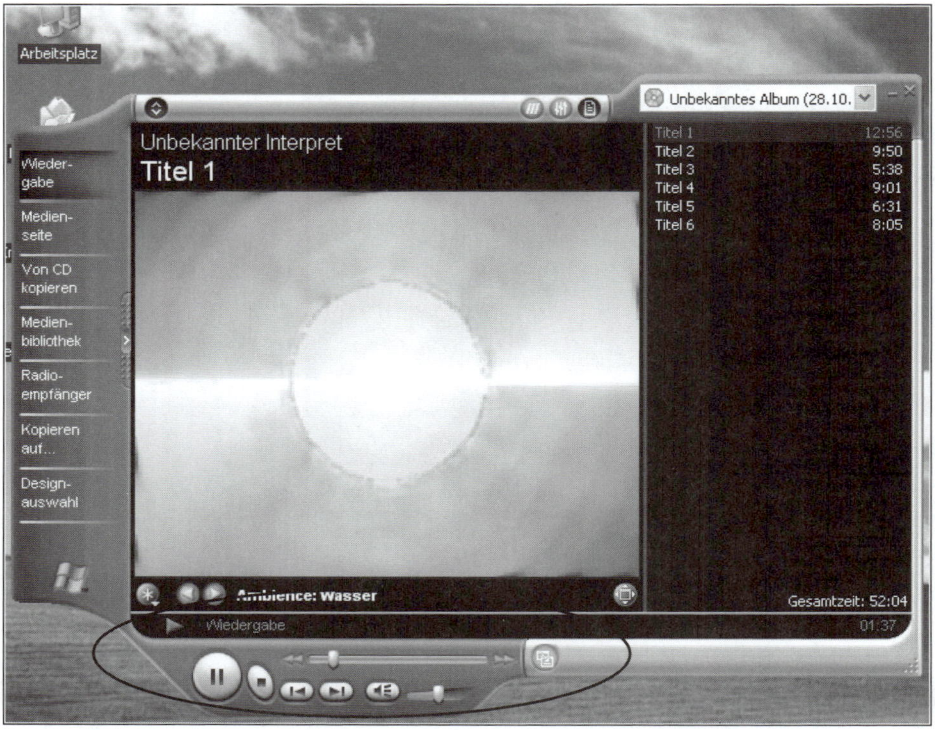

Die Schalttafel des virtuellen CD-Players

Die Musik pausieren

Das Telefon klingelt, und Sie müssen die Musik vorübergehend unterbrechen, wollen aber nicht alles wieder von vorne hören. Dazu gibt es den Button *Pause*. Er sieht so aus:

Klicken Sie mit der linken Maustaste auf diesen Button und die Wiedergabe der Musik wird unterbrochen. Sie wird solange unterbrochen, bis Sie wieder mit dem Mauszeiger auf diesen Button klicken.

Haben Sie den Button *Pause* geklickt, verändert er allerdings sein Aussehen und es erscheint ein Dreieckspfeil auf ihm. Wenn Sie darauf klicken, wird die Musik wieder abgespielt. Der Button wird auch *Play* oder *Wiedergabe* genannt (play heißt spielen; sprich: *pley*).

Die Wiedergabe ganz stoppen

Bevor Sie eine andere CD einlegen, sollten Sie immer die Wiedergabe der aktuellen CD ganz stoppen. Dazu klicken Sie den Button *Stop*.

Durch Klicken auf *Play/Wiedergabe* wird die Audio-CD wieder abgespielt.

Einen oder mehrere Titel überspringen oder zurückgehen

Kennen Sie das auch? Einen bestimmten Lieblingstitel auf einer CD kann man gar nicht oft genug hören. Dafür mag man einen anderen Titel der CD überhaupt nicht und möchte diesen überspringen. Oder man möchte jeden Titel mal kurz anspielen.

Für all diese Belange gibt es *Skip-Buttons*. Es gibt genau zwei davon: Einen für vorwärts und einen für rückwärts.

Der *Skip-Button* für vorwärts

Der *Skip-Button* für rückwärts

Gibt der *Windows Media Player* gerade eine CD wieder, so können Sie verschiedene Musiktitel mit diesen *Skip-Buttons* anspielen und immer wieder zum nächsten gehen oder zu Titeln davor.

Wird Ihre CD im Moment nicht abgespielt, können Sie mit diesen Buttons bestimmen, mit welchem Musiktitel der *Windows Media Player* anfangen soll die Wiedergabe zu starten. Sie wählen einen Titel aus und drücken dann auf *Play/Wiedergabe*, das ist der Button mit dem Dreieckspfeil darauf.

Sekundengenaues Abspielen/Suchen eines Titels

Mit den *Skip-Buttons* springen Sie immer um einen ganzen Titel auf Ihrer CD nach vorne oder zurück. Sie haben allerdings mithilfe der *Suchleiste* auch die Möglichkeit, nur wenige Takte eines Titels vorwärts oder zurück zu springen bzw. abzuspielen.

Die sekundengenaue Suchleiste

Die Suchleiste funktioniert wie ein Schieberegler.

Während ein Titel spielt, können Sie mit dem Mauszeiger auf den Schieberegler gehen. Aus dem Mauszeiger wird eine Hand mit einem ausgestreckten Zeigefinger.

Drücken Sie die linke Maustaste, halten Sie diese gedrückt und bewegen Sie die Maus nach links oder rechts. Der Schieberegler folgt dieser Bewegung, und so können Sie Sekundensequenzen aus dem Musiktitel zurückgehen oder vorgehen, Sie hören den Titel normal weiter, wenn Sie die Maustaste wieder loslassen.

Den Ton abrupt abstellen

Sollten Sie den Ton sofort ausstellen wollen, so können Sie das mit einem Mausklick. Es gibt einen Button in den Bedienelementen des *Windows Media Player*, der den Ton sofort ausschaltet.

Der Button *Ton aus*

Durch wiederholtes Klicken auf diesen Button ist der Ton wieder wie vorher da.

Mehr oder weniger Lautstärke

Vielleicht hören Sie gerade Ihre Lieblingsstelle eines Musiktitels und Sie wollen es so richtig schmettern lassen. Oder Sie möchten zwar Musik während der Arbeit hören, aber bitte nicht so laut!

Im Bedienelement des *Windows Media Player* gibt es einen weiteren Schieberegler, mit dem Sie die Lautstärke beeinflussen können.

Der Lautstärkeregler

Wenn Sie mit dem Mauszeiger auf diesen Regler gehen, dann wird der Mauspfeil zu einer Hand mit einem ausgestreckten Zeigefinger.

Halten Sie die linke Maustaste gedrückt und bewegen Sie die Maus nach links und rechts. Der Schieberegler folgt dieser Bewegung. Lassen Sie die Maustaste los, bleibt der Regler in der eingestellten Position.

Sie haben die Musik leiser oder lauter gestellt.

Der *WOW-Effekt*

Sie können die Wiedergabequalität der gehörten Musik beeinflussen. Der *Windows Media Player* hat eine Möglichkeit, die Wiedergabequalität der Musik passend zu Ihren Lautsprechern anzuheben. Das ist der *WOW-Effekt*. So aktivieren Sie ihn am besten bei laufender Musik:

1 Im oberen Bereich des *Windows Media Players* finden Sie diesen Button:

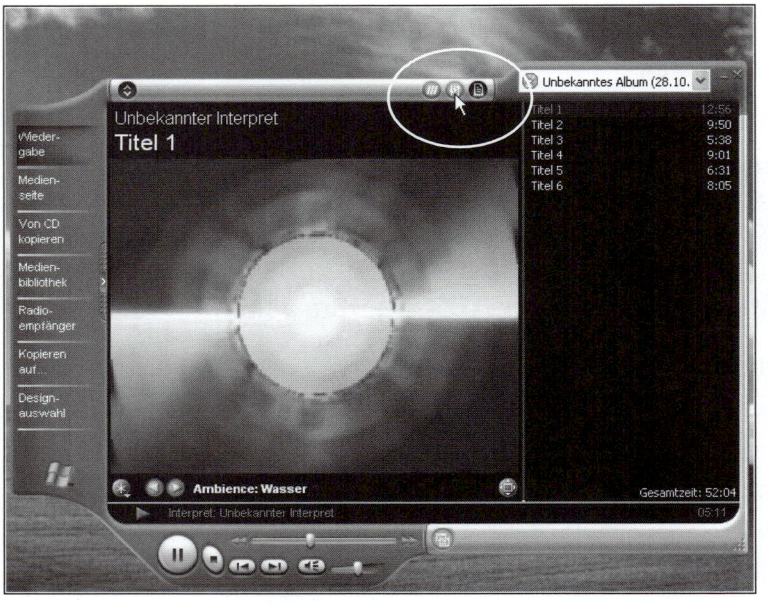

Der Button *Equalizer* in der Mitte

Klicken Sie auf diesen Button und der *Windows Media Player* verändert sich. Es kommt etwas hinzu.

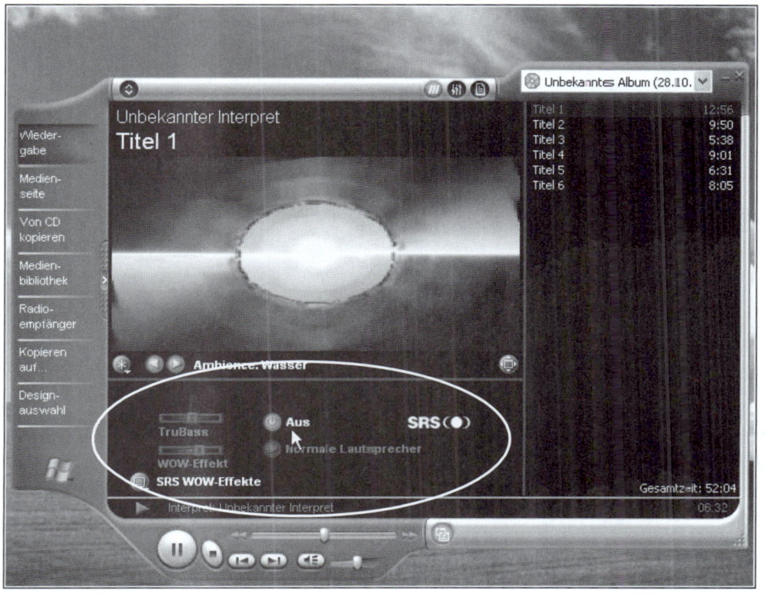

Ein neuer Bereich im *Windows Media Player*

2 In der Mitte des *WOW-Bereiches* sehen Sie das Wort *Aus*. Gehen Sie mit dem Mauszeiger auf den Button neben *Aus* und klicken Sie einmal mit der linken Maustaste.

Erst *Aus* ...

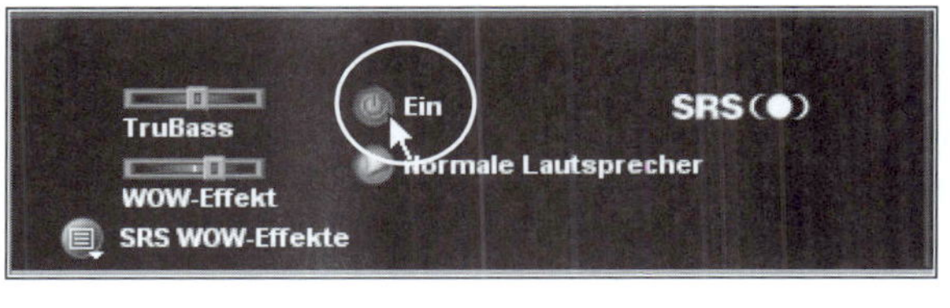

... dann *Ein*

3 Sie haben den *WOW-Effekt* eingeschaltet und müssten nun eine deutliche Veränderung der Musikqualität hören. Sollte Ihnen die Qualität nicht gefallen, so können Sie das wieder rückgängig machen, wenn Sie wieder auf den Button neben *Ein* klicken.

In dem *WOW-Effektbereich* können Sie auch die Art der Lautsprecher einstellen. Standardmäßig sind *Normale Lautsprecher* eingestellt.

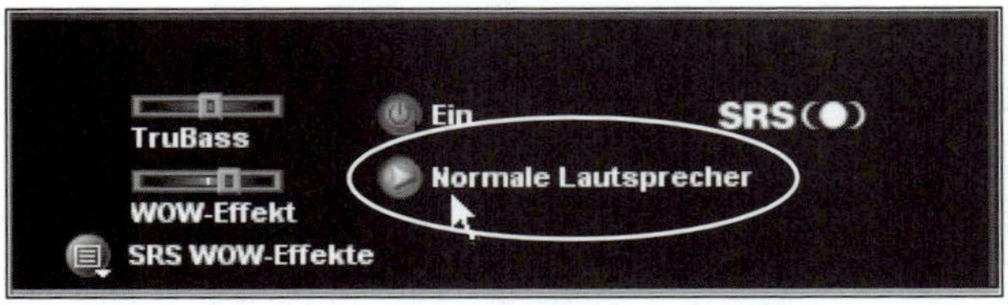

Klicken Sie auf den Button links neben der Beschriftung *Normale Lautsprecher*, so wählen Sie *Große Lautsprecher* aus.

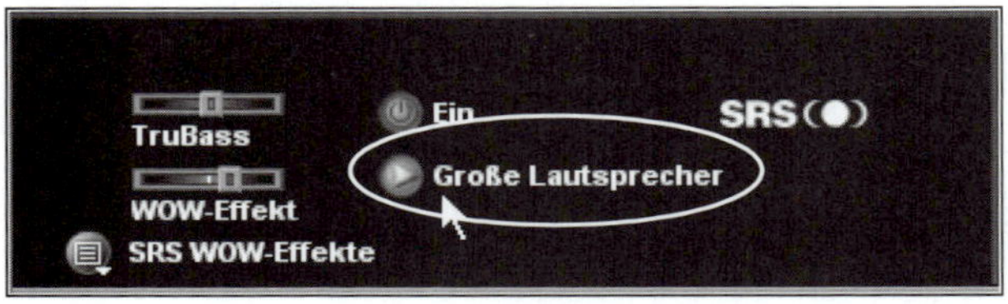

Auf diese Art und Weise können Sie auch die Option *Kopfhörer* auswählen.

Bei jeder Auswahl wird die Musik an die jeweilige Situation angepasst, je nachdem, ob Sie über große oder kleine Lautsprecher verfügen, sodass eine größtmöglichste Qualität erzielt werden kann.

Etwas mehr oder weniger Bass

Nicht bei jedem Stück möchte man den Bass deutlich hören – bei schnittigen Musikstücken soll es aber vielleicht etwas mehr sein! Sie können den Bass mit einem Schieberegler stärker oder schwächer einstellen.

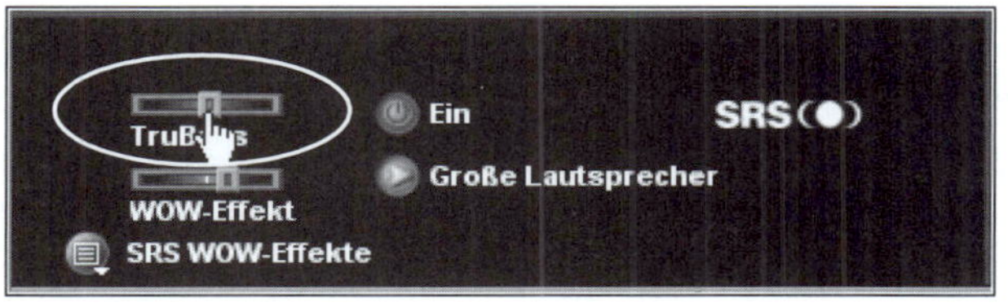

Der Schieberegler für den Bass

Sie wissen jetzt bereits, wie es geht: Zeigen Sie mit dem Mauszeiger auf den Schieberegler. Der Mauszeiger wird zu einer Hand mit ausgestrecktem Zeigefinger. Halten Sie die linke Maustaste gedrückt, bewegen die Maus nach links oder rechts, folgt der Regler der Bewegung. Lassen Sie die Maustaste los, bleibt der Regler in einer Position stehen und Sie haben mehr oder weniger Bass in der Musikwiedergabe.

Ein bisschen mehr oder weniger vom ganzen *WOW-Effekt*

So wie Sie den Bass einstellen konnten, können Sie auch den *WOW-Effekt* einstellen – mit einem Schieberegler.

Der Schieberegler des ganzen *WOW-Effektes*

Der Schieberegler des *WOW-Effektes* stellt den kompletten Effekt kräftiger oder weniger kräftig ein.

Den *Windows Media Player* minimieren und schließen

Wenn Sie während der Arbeit am Computer Musik hören, brauchen Sie nicht ständig das Fenster des *Media Players* auf dem Desktop zu lassen. Jetzt kommt die praktische Anwendung Ihrer erlernten Fenstertechniken!

Minimieren Sie einfach das Fenster des *Windows Media Players*.

Allerdings treffen Sie hier auf eine Ausnahme von der Regel: Der Button *Minimieren* sieht ausnahmsweise nicht so aus, wie Sie es gewohnt sind. Doch er sitzt an der gleichen Stelle wie immer - oben rechts.

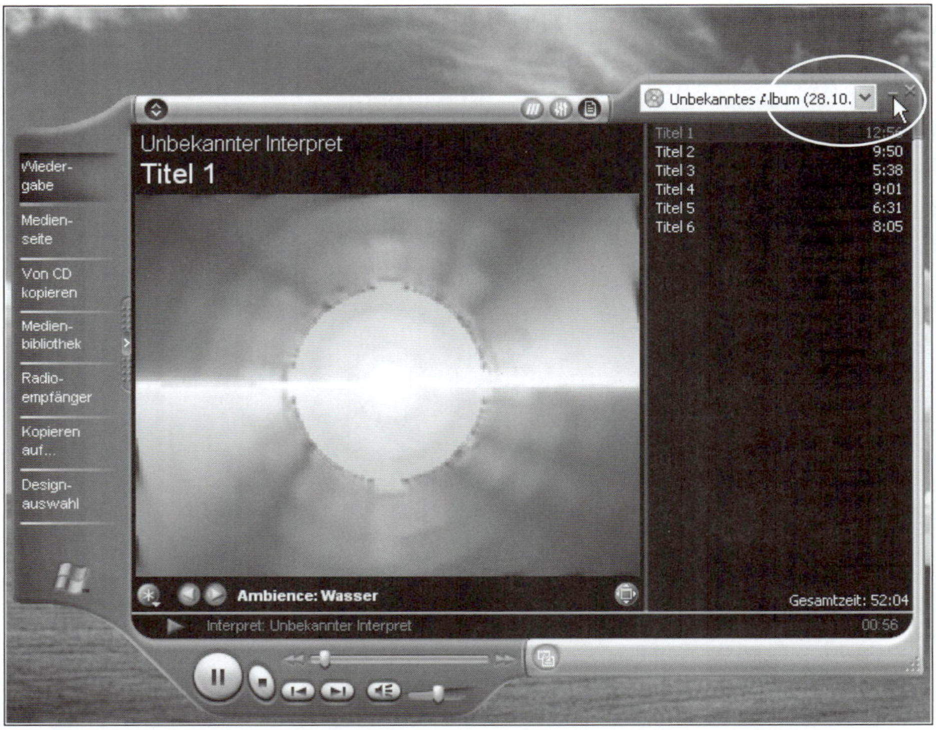

Der Button *Minimieren* des *Media Players*

Leider ist der Button *Minimieren* hier etwas klein geraten und Sie müssen den Mauszeiger sehr genau positionieren, um ihn zu treffen.

Auf jeden Fall sehen Sie nach dem Vorgang des Minimierens den *Media Player* in der Taskleiste. Durch Anklicken des Buttons können Sie ihn wieder in den Vordergrund holen.

Das Symbol des *Windows Media Players* in der Taskleiste

Für das Schließen und damit auch Beenden der Musikwiedergabe des Fensters gibt es natürlich auch wieder ein X.

Sie finden es an der gewohnten Stelle – oben rechts im Fenster – und auch dieser Button sieht etwas anders aus als andere X-Buttons.

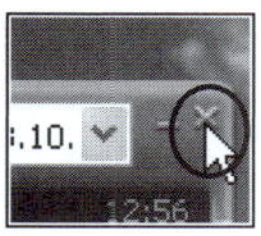

Klicken Sie einmal mit der linken Maustaste auf das X, dann ist Ihr Musikausflug zu Ende – aber nur so lange, bis Sie wieder Lust auf Musik bekommen.

Noch einmal in Kurzform: Legen Sie eine CD ein und starten Sie die Musikwiedergabe. Stellen Sie die Klangqualität ein, die Sie mögen. Minimieren Sie den *Windows Media Player* und starten Sie das Programm, mit dem Sie arbeiten wollen. Während Sie arbeiten spielt dann die Musik.

Zur Erinnerung

- Der Button für die Funktion *Pause:*

- Der Button für die Funktion *Stop:*

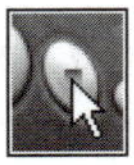

- Der Button für die Funktion Titel (*Skip*) vorwärts:

- Der Button für die Funktion Titel (*Skip*) rückwärts:

- Der Button für die Funktion *Suchleiste:*

- Der Button für die Funktion *Ton aus:*

- Der Button für die Funktion *Lautstärke:*

Das Leben ist bunt – Das kann der Desktop auch!

Los geht's

- In diesem Kapitel erfahren Sie, wie Sie den Hintergrund des Desktops einstellen
- und lernen die *rechte Maustaste* kennen.

Jeden Tag ein anderes Hintergrundbild – kein Problem!

Manche Dinge gefallen einem nicht jeden Tag gleich gut! Haben Sie heute Lust auf Gelb? Wenn Sie die alpenländische, grüne Idylle schon zu lange gesehen haben oder auf dem Desktop mal andere Farben sehen möchten als Blau, dann verändern Sie ihn einfach!

Der Hintergrund ist leicht veränderbar, wenn Sie möchten sogar täglich. Beim Verändern des Hintergrundes lernen Sie auch die Verwendung der rechten Maustaste kennen.

Die rechte Maustaste – das Kontextmenü

Die *rechte Maustaste* brauchen Sie nur selten. Sie bedient das so genannte *Kontextmenü*.

Das Menü der rechten Maustaste steht in unmittelbarem Zusammenhang (Kontext heißt Zusammenhang) mit dem Ort, an dem der Mauszeiger sich befindet, wenn Sie die rechte Maustaste - am besten mit Ihrem Mittelfinger - klicken.

Schritt für Schritt – so verändern Sie den Desktophintergrund

1 Bewegen Sie den Mauszeiger auf eine freie Fläche des Desktops. Der Mauszeiger darf auf kein Symbol oder die Taskleiste zeigen!

2 Klicken Sie einmal kurz und prägnant die rechte Maustaste, ohne die Maus dabei zu bewegen. Das Kontextmenü des Desktops erscheint.

Das Kontextmenü des Desktops

3 Im Kontextmenü steht das Wort *Eigenschaften*. Bewegen Sie den Mauszeiger darauf.

4 Klicken Sie mit der linken Maustaste auf das Wort *Eigenschaften.*

5 Es erscheint der Dialog *Eigenschaften von Anzeige* auf dem Bildschirm.

Windows XP

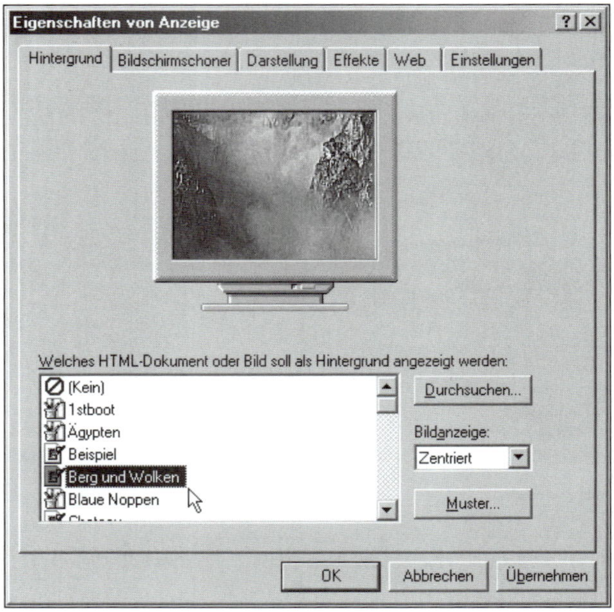

Windows Me/98

Sollten Sie mit *Windows Me* oder *98* arbeiten, überspringen Sie den nächsten Schritt.

6 Im Dialog *Eigenschaften von Anzeige* finden Sie eine Registerleiste mit verschiedenen Registerkarten. Ein Register trägt den Begriff *Desktop*.

Bewegen Sie den Mauszeiger auf das Register *Desktop* und klicken Sie einmal mit der linken Maustaste. Die Registerkarte *Desktop* kommt in den Vordergrund.

7 Sie sehen nun einen *Mustermonitor*, der das aktuelle Hintergrundbild des Desktops zeigt. Unter dem Mustermonitor sehen Sie eine Liste, in der die Bezeichnung *Grüne Idylle* blau markiert ist.

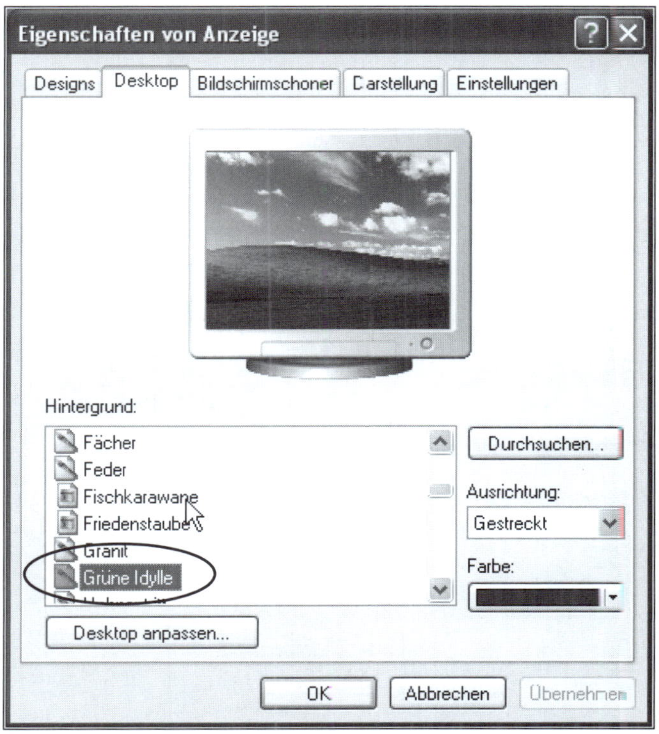

8 Etwas weiter oberhalb der Bezeichnung *Grüne Idylle* sehen Sie *Fischkarawane*. Bewegen Sie den Mauszeiger auf *Fischkarawane* und klicken Sie einmal mit der linken Maustaste! Beobachten Sie den Mustermonitor. Er zeigt nach einer Weile ein anderes Bild.

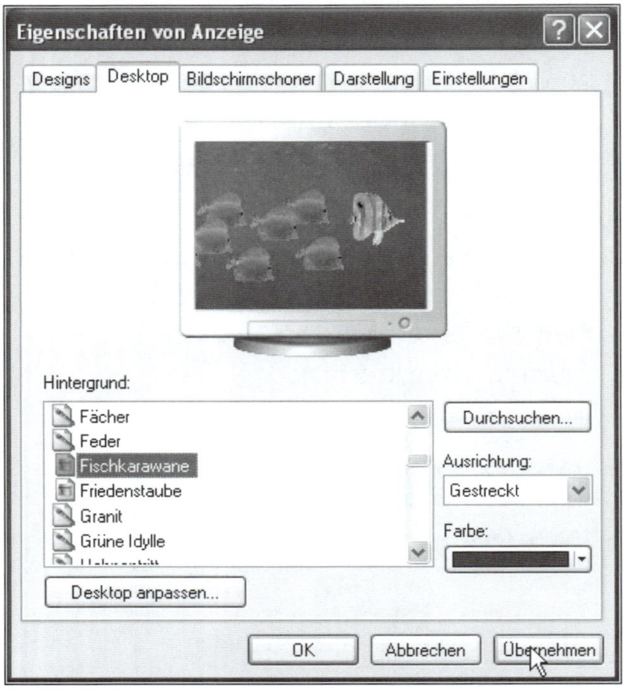

9 Bewegen Sie den Mauszeiger nach unten rechts auf den Button *Übernehmen* und klicken Sie mit der linken Maustaste. Nach einer Weile können Sie sehen, dass sich der Desktophintergrund verändert.

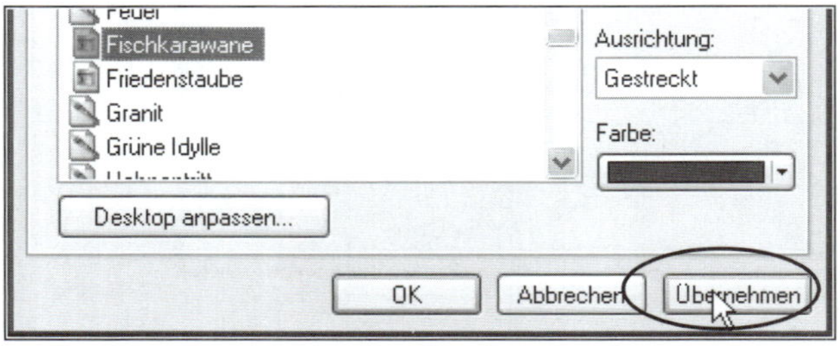

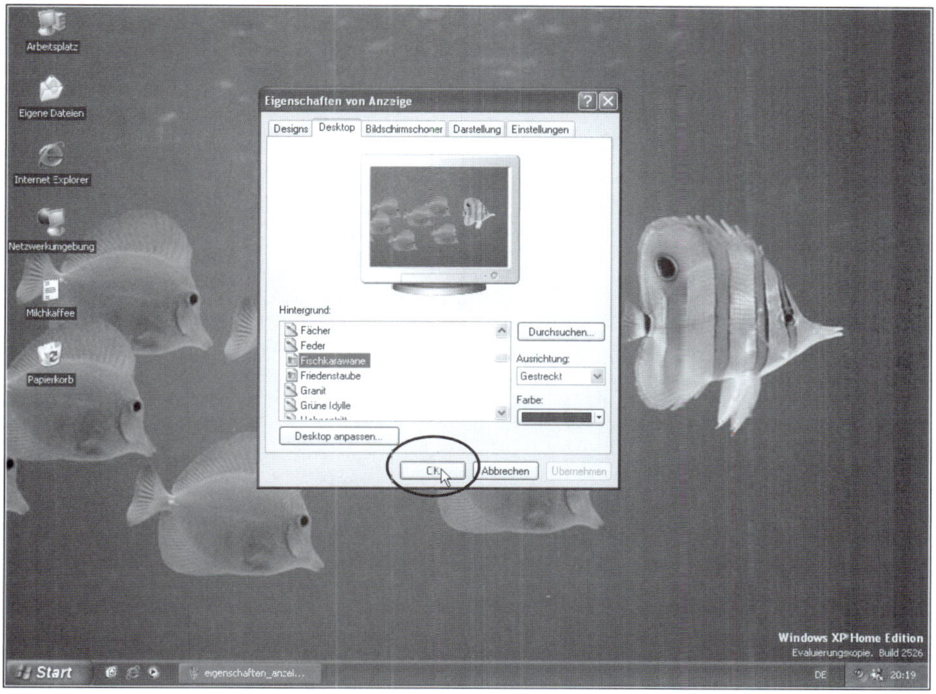

10 Bewegen Sie den Mauszeiger auf den Button *OK* und klicken Sie mit der linken Maustaste.

Voilà – Sie haben nun Fische auf dem Desktop.

In der Liste, aus der Sie *Fischkarawane* ausgewählt haben, steht eine ganze Reihe von verschiedenen Hintergrundbildern zur Disposition. Probieren Sie doch mal einige aus. Vielleicht ist ja etwas dabei, was Ihnen gut gefällt.

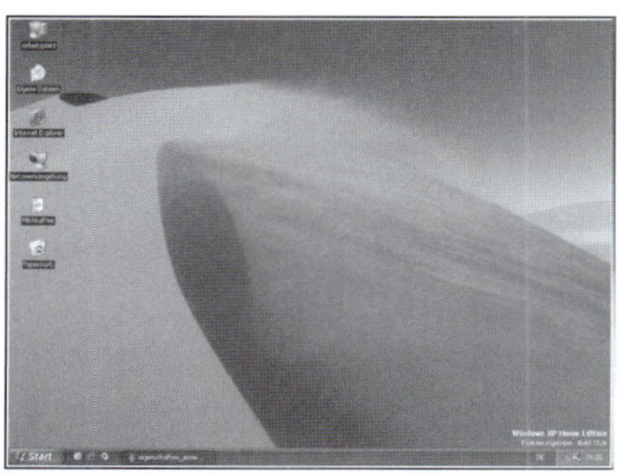

Eine schicke Sanddüne am Morgen

Ein wenig Herbst am Abend

Und das Paradies für zwischendurch

Bedenken Sie: Die Liste ist umfangreicher, als Ihnen das Fenster anzeigen kann. Verwenden Sie die Bildlaufleiste (Scrollbar), um alle Hintergründe auszuprobieren.

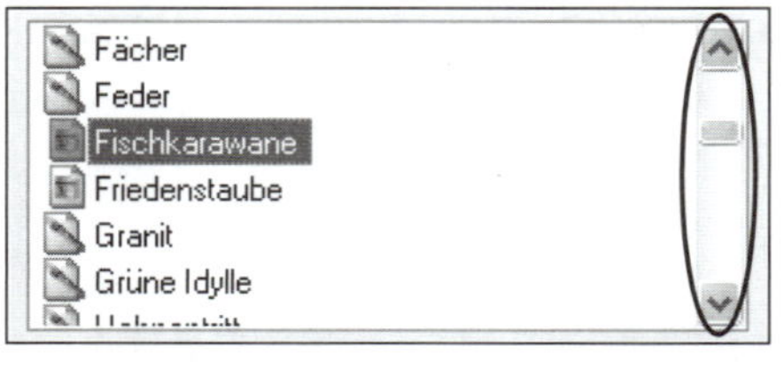

Die Bildlaufleiste für die Liste der verschiedenen Desktophintergründe

Sollten Sie mit *Windows 98* arbeiten, haben Sie eine etwas geringere Auswahl an Hintergründen.

Zur Erinnerung

- Sie können das Hintergrundbild des Desktops immer wieder verändern.
- Die rechte Maustaste beinhaltet ein Kontextmenü.
- Ist der Mauszeiger auf einer freien Fläche des Desktops und Sie drücken kurz die rechte Maustaste, ohne die Maus zu bewegen, erscheint das Kontextmenü des Desktops.
- Mit der Bezeichnung *Eigenschaften* dieses Kontextmenüs gelangen Sie zu einem Fenster namens *Eigenschaften von Anzeige.*
- Durch Klicken auf das Register *Desktop* erhalten Sie eine Liste mit verschiedenen Hintergrundbildern des Desktops.
- Durch Anklicken eines Namens in der Liste können Sie ein Hintergrundbild aussuchen.
- Klicken Sie auf *OK*, verändert sich der Desktop und Sie sehen einen neuen Hintergrund.

Ihr Computer und seine Bestandteile

Los geht's

- In diesem Kapitel erfahren Sie, aus welchen Bestandteilen Ihr Computer besteht,
- welche Aufgaben die einzelnen Bestandteile (die man auch *Komponenten* nennt) haben,
- was es mit den Anschlüssen und Buchsen an Ihrem Computer auf sich hat,
- wozu Sie diese Anschlüsse brauchen,
- wie Sie mit den Anschlüssen einfach umgehen können
- und was in dem Gehäuse Ihres Computers steckt und Geräusche macht.

Es ist viel los in Ihrem Computer

Bisher haben Sie gelernt, was man alles mit einem Computer machen kann und was für eine nützliche *Kiste* es ist. Jetzt möchte ich all denjenigen, die Interesse daran haben, erzählen, wie ein Computer aufgebaut ist. Zu Ihrem Computer gehören: ein Gehäuse (Computergehäuse), ein Monitor (Bildschirm), eine Maus (Zeigegerät), eine Tastatur, in der Regel ein Drucker und meist auch Lautsprecher.

Diese Elemente werden miteinander verbunden. Keine Bange – die folgenden Bilder zeigen Ihnen der Reihe nach, wie die vielen Anschlüsse und Knöpfe aussehen und wozu sie da sind!

Ein Computer hat viele Gesichter

Im Laufe der Zeit haben der Computer und seine Zusatzgeräte viele Gesichter bekommen. Die Gehäuse der Computer wurden den modischen oder praktischen Ansprüchen ihrer Nutzer angepasst. Die Bildschirme werden immer flacher und der Maus geht es auch nicht anders: Sie passt sich immer mehr den Händen an, die sie benutzen (recht so!). Was alle Computer verbindet, sind ihre Inhalte, die Technik, die in den Gehäusen steckt.

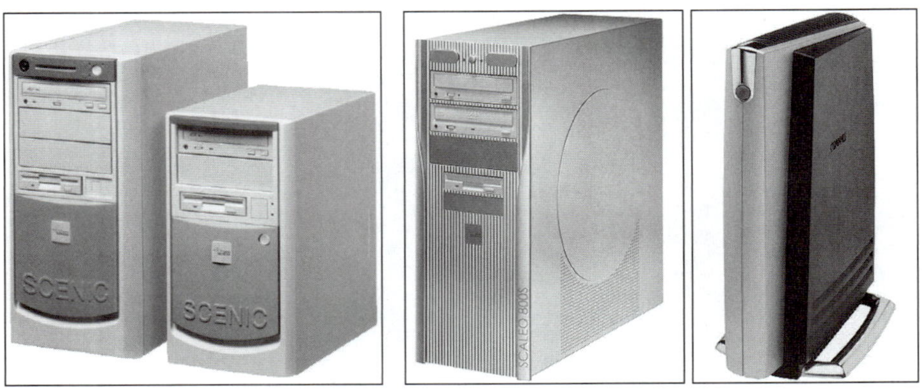

Hier sehen Sie eine Reihe moderner Computer (eigentlich sehen Sie nur die Verpackung der Technik – das Gehäuse)

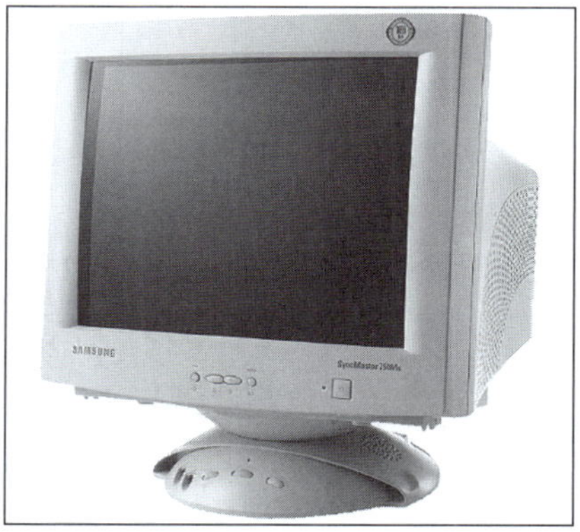

Ein Standard-Monitor

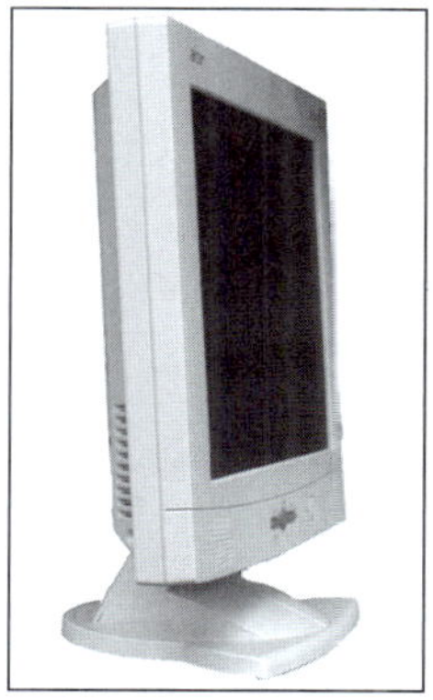

Ein neuerer Flachbildschirm (auch TFT-Monitor genannt)

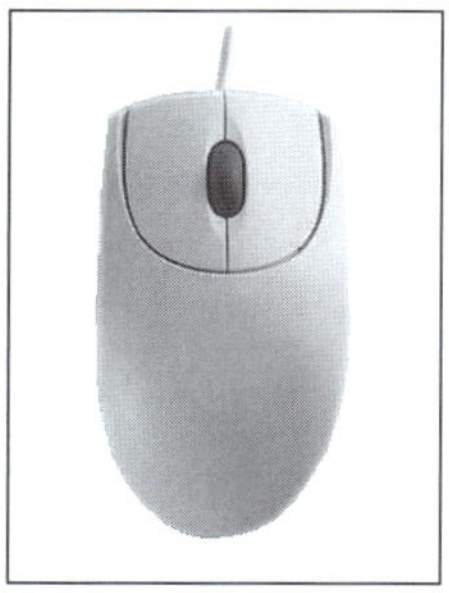

Eine Standard Maus mit 2 Tasten und *Rädchen* in der Mitte

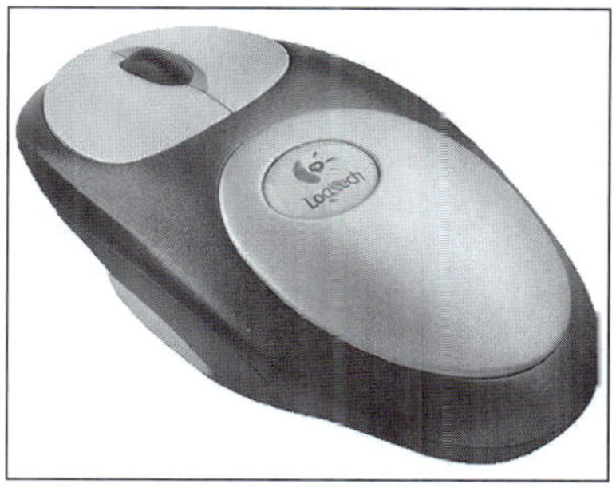

Eine neuere, *optische* und kabellose Maus, auch *Funkmaus* genannt, mit *Rädchen* in der Mitte (sehr bequem auf dem Schreibtisch)

Ein Tintenstrahldrucker

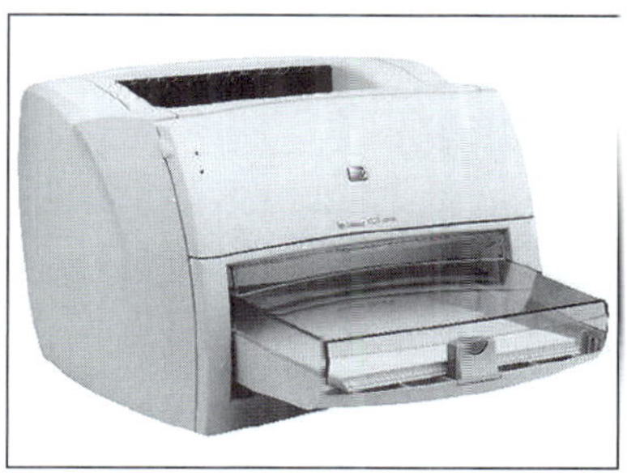

Ein Laserdrucker

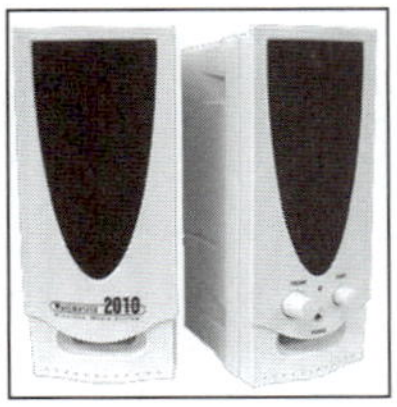

Ein Paar Lautsprecher

Ein Lautsprechersystem (gute Lautsprecher machen Freude!)

Ein Computer von vorne und von hinten

Bitte schauen Sie sich Ihren Computer einfach mal von vorne an. Sie werden etwa dieses Bild vor Augen haben:

Ein Computer (Gehäuse) von vorne

Auf der Vorderseite Ihres Computers sehen Sie einige wichtige Elemente, die Sie nach der Lektüre der nächsten Zeilen leicht identifizieren können.

Sie sehen z.B. einen runden oder ovalen, etwas größeren Knopf. Auf diesem Knopf wird dieses Zeichen sein oder es steht *Power* daran. Dieser Knopf ist der Netzschalter zum Einschalten des Computers.

ACHTUNG

> Haben Sie einen neueren PC, ist der Knopf nur zum Einschalten, ausgeschaltet wird er nämlich anders (mehr darüber haben Sie im Kapitel „Die Maus, das Start-Menü und andere Entdeckungen" erfahren).

In der Nähe des Netzschalters können Sie kleine (oft sehr kleine) Lampen erkennen. Eine der beiden ist grün und leuchtet stetig, wenn Ihr PC eingeschaltet ist. Die andere ist rot und flackert wenn Ihr Computer *arbeitet* (um genauer zu sein: Wenn die *Festplatte* arbeitet). Beobachten Sie die rote Lampe einmal, wenn Sie gerade Ihren PC angeschaltet haben, denn dann flackert sie am meisten.

Weiter geht's: Auf der Vorderseite Ihres PCs befinden sich einige *Laufwerke*.

Laufwerke sind Geräte, die *Datenträger* aufnehmen, z.B. eine CD-ROM oder eine Diskette, um die Daten darauf lesen zu können.

Datenträger sind auch so genannte *Speichermedien*, auf denen Sie Ihre Arbeiten speichern können. Sie können fest installiert sein, wie die Festplatte, oder wechselbar sein, wie z.B eine CD-ROM.

Die Festplatte gehört technisch gesehen auch zu den Laufwerken.

An der Vorderseite Ihres Computers ist das Diskettenlaufwerk, welches so aussieht:

Hier sehen Sie das Diskettenlaufwerk und rechts daneben den Netzschalter

Das Diskettenlaufwerk benötigen Sie, wenn Sie z. B. einen Brief an jemand anderen weitergeben wollen. Sie speichern diesen Brief auf einer Diskette und geben diese weiter. Die Diskette wird vor dem Speichern in das Diskettenlaufwerk geschoben. Eine Diskette sieht so aus:

Eine Diskette mit einem Etikett darauf

Etwas weiter oben auf der Vorderseite Ihres PCs können Sie CD-Laufwerke erkennen. CD-Laufwerke brauchen Sie, um z.B. ein neues Programm auf Ihren PC zu übertragen (z.B. einen Routenplaner oder ein Lexikon oder ein Internetprogramm). Das Übertragen von Programmen auf die Festplatte nennt man übrigens *installieren*.

Es gibt CD-ROM-Laufwerke (für Programm- oder Musik-CDs), es gibt so genannte CD-Brenner (zum Speichern größerer Datenmengen oder zum Kopieren anderer CDs) und es gibt DVD-Laufwerke (z.B. für das Betrachten von Videofilmen auf dem PC-Bildschirm). Rein äußerlich sind die Laufwerke kaum zu unterscheiden und Sie haben mindestens ein CD-ROM-Laufwerk in Ihrem PC, denn das ist Standard.

Oben: Ansicht eines DVD Laufwerkes,
unten: Ansicht eines CD-Brenners
(es kann sein, dass sich nur eines davon in Ihrem Computer befindet)

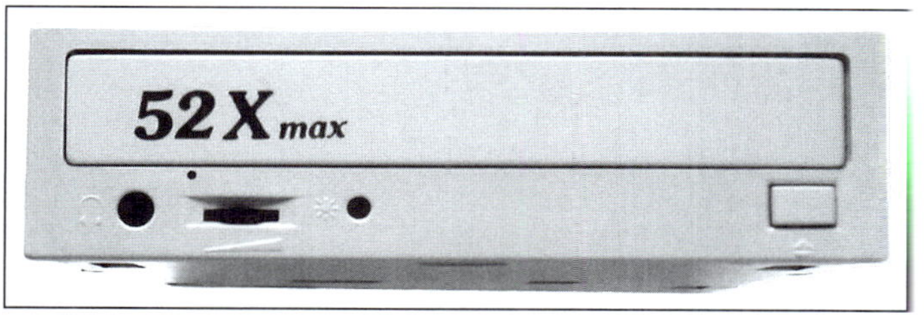

Ein CD-ROM-Laufwerk

Sollten Sie auf der Vorderseite Ihres PCs noch mehr erkennen können, dann haben Sie einen Computer mit besonderer Ausstattung erworben.

Von hinten

Auf der Rückseite Ihres Computers befinden sich eine ganze Reihe von Anschlüssen. Die Anschlüsse dienen dazu, Maus (Zeigegerät), Tastatur, Monitor (Bildschirm), Drucker, Lautsprecher und diverse andere Zusatzgeräte anzuschließen.

Betrachten Sie bitte Ihren Computer von hinten. Sie sehen etwa dies:

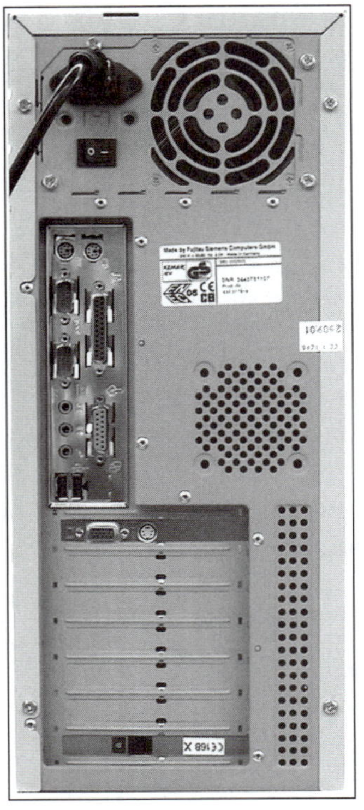

Ein PC von hinten

Alle Anschlüsse, die Sie sehen können, haben einen bestimmten Zweck und sind die so genannten *Schnittstellen* für Zusatzgeräte, die Sie außerhalb des PC-Gehäuses verwenden. Zum Beispiel die Maus und die Tastatur. Diese werden über ein Kabel mit dem Computer verbunden. Die Kabel müssen an bestimmten Stellen eingestöpselt werden.

Zum Beschreiben der Anschlüsse von oben nach unten beziehe ich mich auf obige Abbildung:

Stromanschluss

Ganz oben können Sie einen Anschluss mit drei dickeren Metallstiften im Innern sehen. Das ist der *Stromanschluss*. Sie haben nur ein Kabel, das dort hineinpasst. Vielleicht haben Sie sogar noch einen zweiten Stromanschluss direkt daneben, der ähnlich aussieht. Dort könnten Sie ein Kabel hineinstecken, welches drei Stifte hat. Das ist eine mögliche, alternative Stromversorgung für den Monitor. Man braucht dafür ein entsprechendes Kabel, welches nicht immer mitgeliefert wird. Wenn Sie den Monitor über diese Stromquelle versorgen, schaltet er sich mit dem PC an und aus, das ist bequemer und man vergisst nicht, den Monitor auszuschalten, wenn die Arbeit beendet ist.

In der Nähe der Stromversorgung befindet sich meist ein *Hauptschalter*. Er wird nur dann gebraucht, wenn Sie den Computer länger nicht verwenden und sicher sein wollen, dass er nicht unnötig Strom zieht. Den Hauptschalter brauchen Sie darüber hinaus in den seltenen Fällen, wenn der Rechner wirklich gar nicht mehr läuft, das nennt man *abgestürzt*. Dann hilft nur: Den Computer auszuschalten, drei bis vier Sekunden zu warten und den Computer wieder einzuschalten.

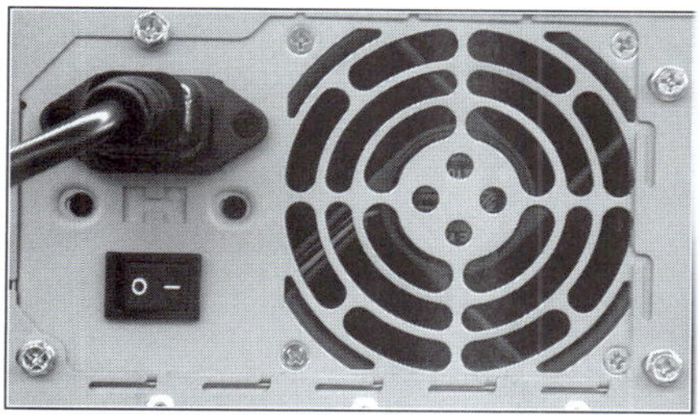

Ein Stromanschluss und der Hauptschalter

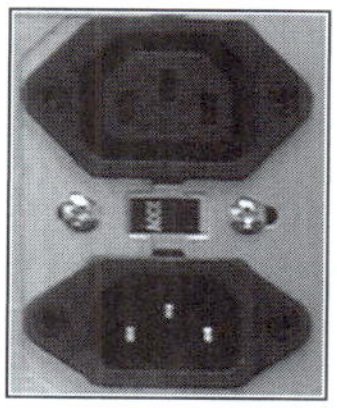

Stromanschlüsse

Maus und Tastatur

Am Ende eines modernen Maus- oder/und Tastaturkabels finden Sie die gleiche Steckerform. Glücklicherweise ist der Anschluss der *Maus* türkis und der Anschluss der *Tastatur* violett. Die Anschlüsse hinten am PC-Gehäuse haben die gleichen Farben. Dadurch können Sie sich gut orientieren.

Eine zusätzliche Hilfe: Auf den Steckern ist oft ein Symbol des jeweiligen Gerätes zu sehen. Die technische Bezeichnung der Anschlussart von Maus und Tastatur lautet übrigens *PS/2-Anschluss*.

Ältere Mäuse werden über die *serielle Schnittstelle* angeschlossen. Diese Anschlussart hat keine bestimmte Farbe, ihr Stecker hat allerdings eine bestimmte Form mit vielen Löchern im Innern des Steckers.

Die *Maus* ist ein *Zeigegerät*. Sie brauchen die Maus, um dem PC Befehle zu geben oder um Programme zu starten oder um sich im Internet zu bewegen. Die Tastatur brauchen Sie hauptsächlich um Texte einzugeben.

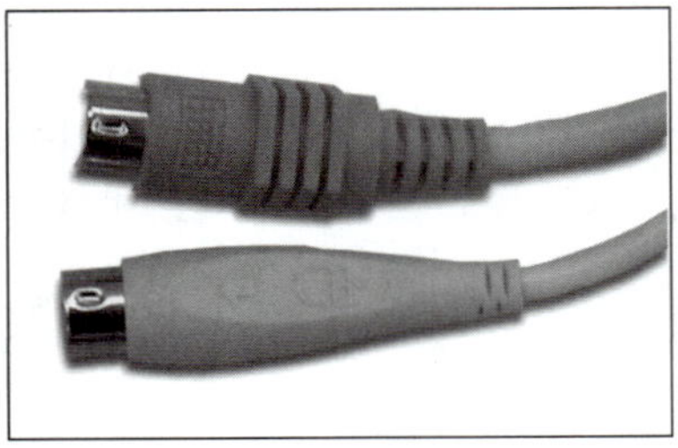

PS/2-Stecker von Tastatur und Maus

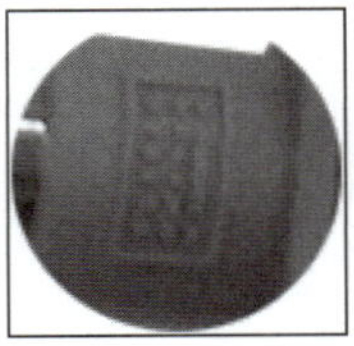

Tastatursymbol

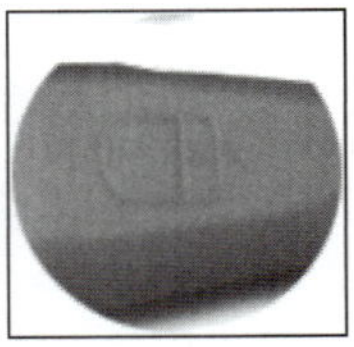

Maussymbol

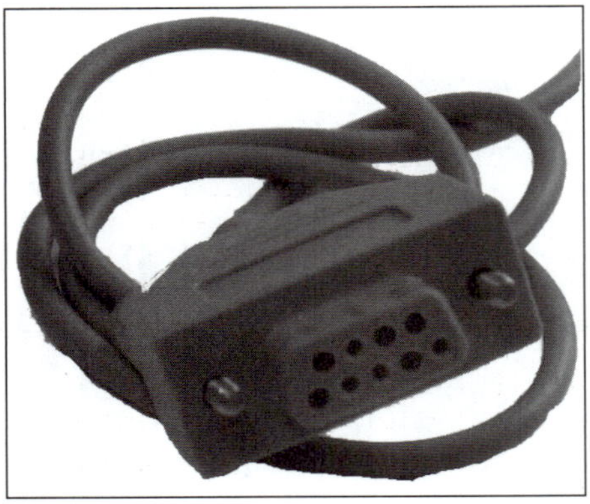

Alter Mausanschluss

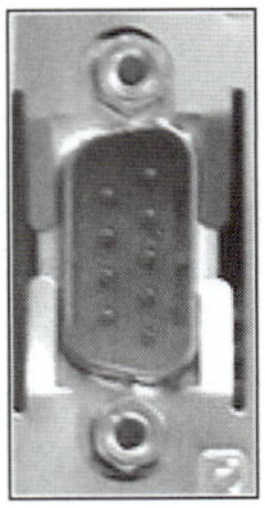

Gegenpart am PC für den alten Mausanschluss

Bildschirm

Der *Bildschirm* (Monitor) ist auch einfach anzuschließen. Der Stecker eines Monitors hat immer die gleiche Form und passt nur in einen ganz bestimmten Gegenpart: den Anschluss an der *Grafik-*

karte. Was die Grafikkarte ist, wird im Abschnitt *Was Sie nicht sehen können und Geräusche macht* näher erläutert.

Da es auch zu diesem Stecker nur einen passenden Anschluss gibt, finden Sie ihn leicht! Meist sitzt dieser sehr viel weiter unten als die Anschlüsse für Tastatur und Maus.

Der Stecker am Monitorkabel hat kleine Metallstifte im Innern, sein Gegenpart nimmt diese Metallstifte auf und hat entsprechende Löcher.

Monitoranschluss

Der Monitor ist *nicht* der Computer, sondern das Gerät, mit dem Sie sehen können, was Sie mit dem Computer arbeiten oder spielen.

Drucker

Drucker können auf zwei verschiedene Arten an den Computer angeschlossen werden. Nur Geduld – bei ruhiger Betrachtung finden Sie in wenigen Minuten heraus, mit welcher Anschlussart Sie Ihren Drucker zum Drucken bringen (das ist abhängig vom Kabel)!

Moderne Drucker haben einen so genannten USB-Anschluss. Die Kabelenden sehen so aus:

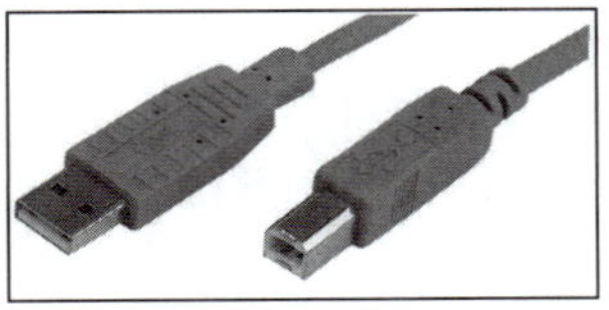

USB-Kabel

Das kleine, fast quadratische Ende des Kabels wird in den Drucker gesteckt und das flache breitere hinten in den PC in der Nähe von Tastatur- und Mausanschluss. Ihr Computer hat vielleicht zwei USB Anschlüsse. Welchen Sie nehmen, spielt keine Rolle.

Die zweite, etwas ältere Anschlussart für den Drucker ist die so genannte parallele Schnittstelle. Dazu nehmen Sie ein anderes Kabel, dessen Enden so aussehen:

Älteres Druckerkabel (für parallele Schnittstelle)

Das Ende mit den Metallstiften wird hinten in der Nähe von Tastatur- und Mausanschluss in den PC gesteckt, das andere in den Drucker. Den PC-Anschluss erkennen Sie meist an der roten Farbe.

Weil es den USB-Anschluss noch nicht lange gibt, haben Drucker heute manchmal beide Anschlussarten. So funktionieren neue Drucker auch mit älteren Computern. In Zukunft werden die Drucker wohl alle über USB-Kabel angeschlossen werden, da dieses besser ist und die ältere Anschlussart ablöst.

Nebenbei sei erwähnt, dass Sie über den USB-Anschluss Computers auch andere Geräte an Ihren Computer anschließen können. USB ist die Abkürzung für **U**niversal **S**erial **B**us (exakte technische Bezeichnung).

Andere Geräte können sein: ein Scanner (wird im Glossar erklärt), ein zweiter Drucker, eine Digitalkamera (finden Sie auch im Glossar), oder auch Tastatur und Maus, die einen USB-Adapter besitzen.

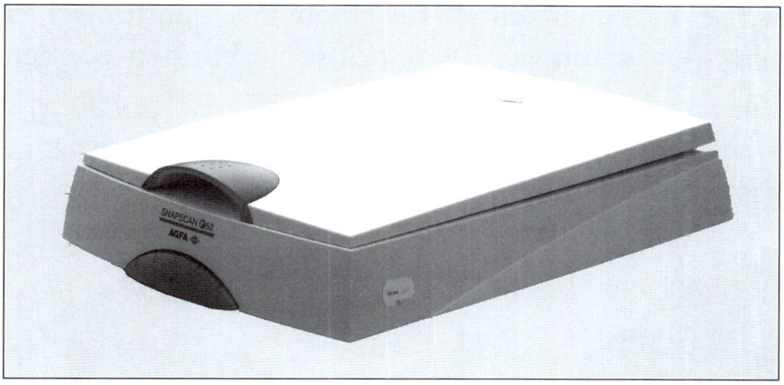

Ein Scanner (z.B. auch über einen USB-Anschluss zu betreiben)

Lautsprecher

In der Nähe der Anschlüsse für Maus und Tastatur sehen Sie häufig drei kleine farbige Anschlüsse. Der mintgrüne ist für die Lautsprecher. Die anderen beiden sind für ein Mikrofon und den Anschluss an eine Stereoanlage oder Ähnliches.

Ältere PCs haben keine farbige Kennzeichnung der Anschlüsse für Lautsprecher. Probieren Sie einfach einen nach dem anderen aus – Sie können nichts kaputt machen und irgendwann – bei der richtigen Wahl des Anschlusses – wird aus den Lautsprechern Musik kommen.

Modem oder ISDN

Ein Modem bzw. eine ISDN-Karte sind Geräte, mit denen Sie sich in das Internet einwählen können. Diese Geräte können bereits in dem PC-Gehäuse integriert sein oder Sie haben ein Kästchen vor sich, welches Modem bzw. ISDN-Karte enthält.

Das Kästchen, das das *externe Modem* oder die *externe ISDN-Karte* enthält, muss mit Ihrem PC verbunden werden. Die Verbindungsstellen finden Sie neben der Verbindungsstelle zum Drucker. Sie sind kleiner als die für den Drucker. Eventuell können Sie die Geräte über den USB-Anschluss betreiben (das erkennen Sie am Kabel).

Hat Ihr Computer ein internes Modem oder eine interne ISDN-Karte, finden Sie an seiner Rückseite einen fast quadratischen Anschluss, über den er mit der Telefondose verbunden werden kann.

Ein externes Modem

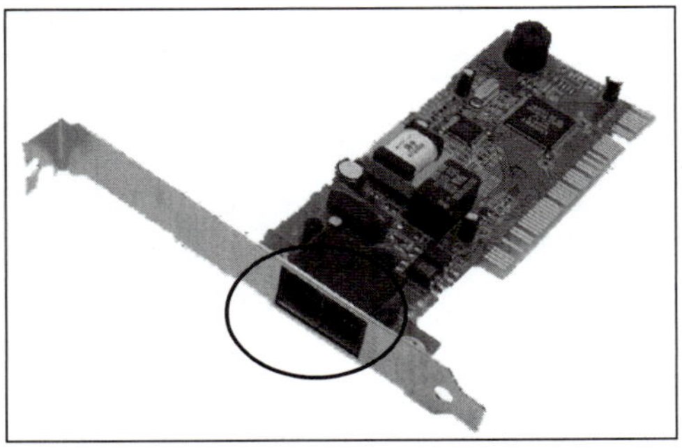

Ein internes Modem (Sie sehen von außen nur den quadratischen Anschluss)

Joystick

Mit einem Joystick (sprich: *dscheustick*) können Sie bei Spielen z. B. ein Motorrad lenken oder einen Affen durch den Urwald hüpfen lassen.

Der Anschluss für das Kabel des Joysticks sitzt oft in der Nähe der Lautsprecher und ist bei modernen Computern gelb gekennzeichnet. Am Ende des Kabels ist ein breiter, flacher Stecker mit Metallstiften. Bei älteren PCs hat der Gegenpart leider keine Farbe und das Kabelende des Joysticks passt nur in einen ganz bestimmten Anschluss.

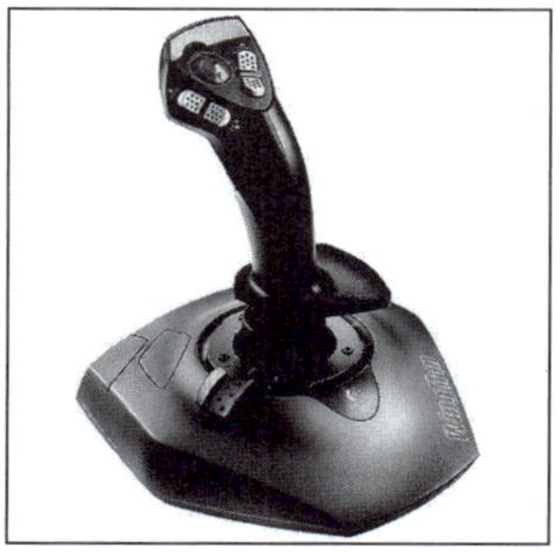

Ein Joystick

Was Sie nicht sehen können und Geräusche macht

Im Innern des Computergehäuses sitzen die Komponenten, die die eigentliche Arbeit des Computers verrichten. Sie können diese nicht sehen, aber Sie können einige davon hören!

Im Computer wird es sehr warm. Damit der PC einen *kühlen Kopf* behält, hat er eigene Lüfter (Miniventilatoren), die hörbar und tatkräftig ihre Arbeit verrichten (wird der PC zu warm oder gar heiß, versagt er seinen Dienst).

Ein Lüfter kühlt das Netzteil, ein anderer z. B. die Grafikkarte und ein weiterer kühlt das Herzstück Ihres PCs – die CPU (eine Beschreibung finden Sie im Glossar unter *Prozessor*) oder auch Prozessor genannt.

CPU, Prozessor, vielleicht wissen Sie mit diesen Begriffen nichts anzufangen. Doch INTEL PENTIUM haben Sie wahrscheinlich schon einmal gehört! Ein INTEL PENTIUM ist eine *CPU* bzw. ein Prozessor. Er wird von der Firma Intel gebaut und das Model heißt Pentium.

Es gibt auch andere Firmen, wie z. B. AMD, die Prozessoren bauen. Die haben dann Namen wie Athlon- oder Duron-CPUs.

Der Prozessor rechnet – dafür ist er gebaut. Er versorgt andere Komponenten (z. B. die Grafikkarte) mit Informationen, sodass sie flüssig ihre Arbeit erledigen können. Im PC geht nichts ohne den Prozessor.

Eine Ahnenreihe von Intel CPUs; ganz rechts ein moderner Intel Pentium

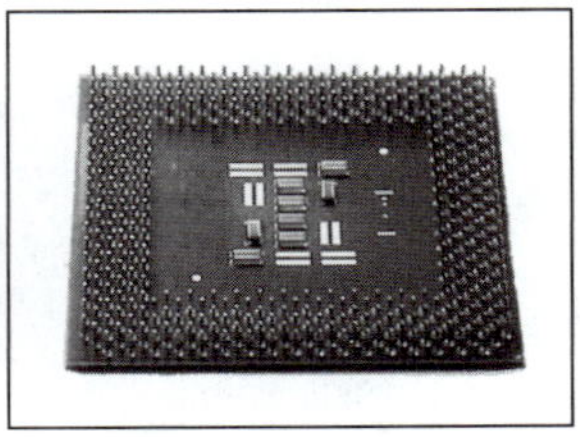

Ein Pentium von unten

Grafikkarte - schon mehrfach haben Sie diesen Begriff gelesen. Diese wichtige Komponente Ihres Computers sorgt dafür, dass Sie überhaupt ein Bild auf Ihrem Monitor sehen können! Die Grafikkarte errechnet so genannte Bildpunkte, die - aneinandergereiht - ein komplettes Bild auf dem Monitor ergeben.

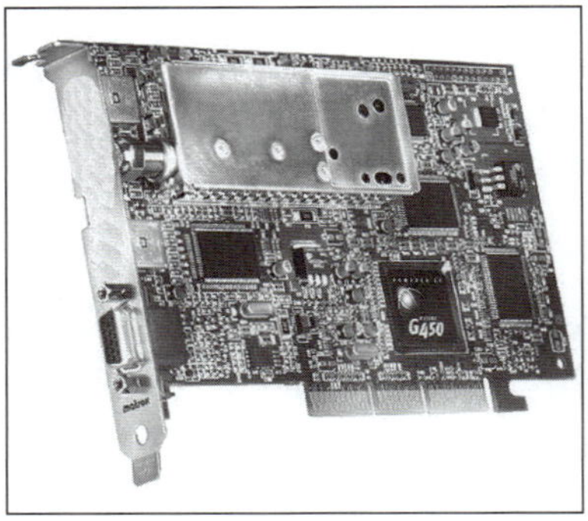

Eine Grafikkarte

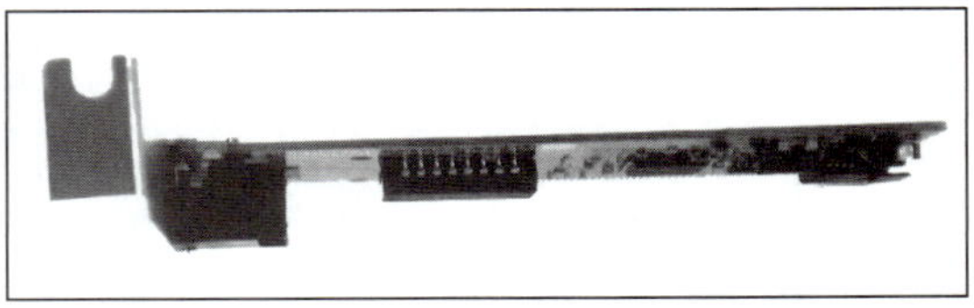

Seitenansicht – so flach, wie eine Postkarte!

Das leise Surren, das Sie hören, wenn Sie Ihren Computer eingeschaltet haben, kommt auch durch die stetige Rotation der Festplatte zustande. Die Festplatte ist sozusagen *das feste Speichermedium*. Sie ist sehr wichtig, eine zentrale Komponente Ihres PCs, da sie alle Programme gespeichert hat - auch dann, wenn der Computer ausgeschaltet ist. Außerdem speichern Sie alle Ihre Arbeiten (Briefe, Zeichnungen, Musikaufnahmen) auf der Festplatte!

Eine *Festplatte* (der Gehäusedeckel ist entfernt)

Eine weitere wichtige Komponente des PCs ist der Arbeitsspeicher.

Wenn Sie einen Brief schreiben und nach und nach die entsprechenden Buchstaben tippen, dann tun Sie dieses technisch gesehen im Arbeitsspeicher. Erst wenn Sie den Text auf der Festplatte speichern, wird dieser aus dem Arbeitsspeicher auf die Festplatte übertragen.

Der Arbeitsspeicher ist ein flüchtiger Speicher. Er verliert seine Informationen wenn Sie den PC ausschalten. Deswegen ist es so wichtig, regelmäßig seine Arbeit am Computer zu sichern, denn wenn der Computer abstürzt, behält er nur die Informationen, die Sie eingetippt und gesichert haben.

Der Arbeitsspeicher ist eine Platine mit Chips darauf, die im Computergehäuse steckt. Oft kann man noch zusätzlichen Arbeitsspeicher in den Computer einbauen. Das nennt man *Aufrüsten*.

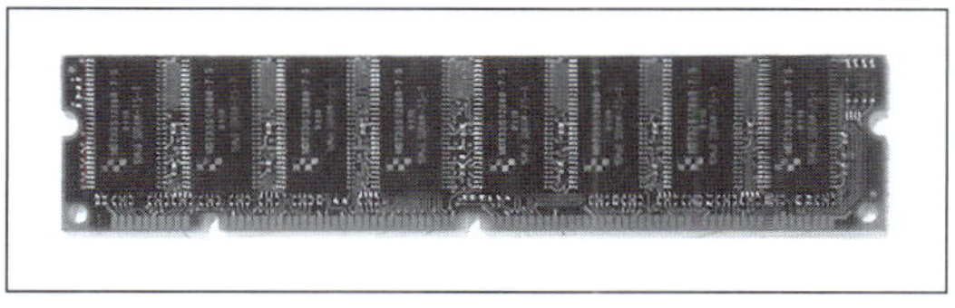

Eine Arbeitsspeicherplatine

Kompliment! Sie haben die wesentlichen Basisinformationen gelesen und bis zu dieser Stelle Ihres Computerbuches mitgedacht. Sie haben viele neue Begriffe gelernt. Nach und nach werden sich die einzelnen Informationen zum Verständnis des Themas *Computer* zusammenfügen.

Jetzt wird's erneut spannend. Bitte schalten Sie Ihren Computer ein! Im Zweifelsfall lesen Sie dafür den Abschnitt *Ihr Computer von vorne und hinten*.

Zur Erinnerung

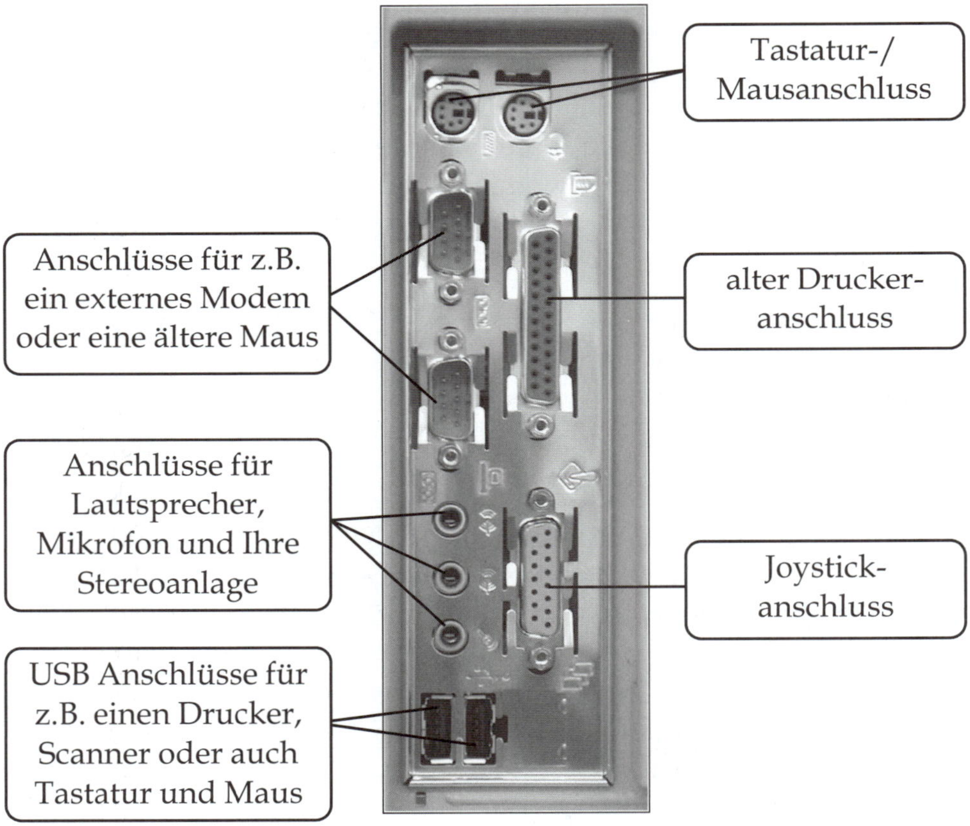

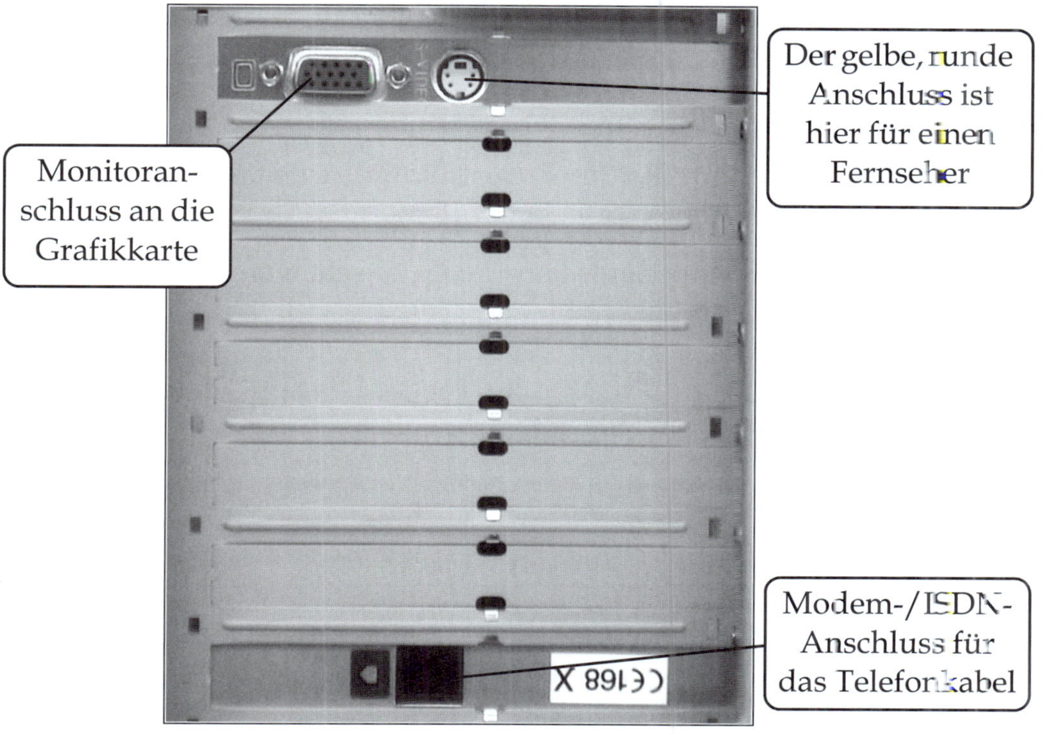

Sie können getrost die einzelnen Geräte, die zu Ihrem Computer gehören, voneinander trennen. Sie möchten Ihren Arbeitsplatz säubern (mit dem Staubsauger in die hinteren Ecken vorrücken?) oder Ihren Computer in ein anderes Zimmer oder gar eine neue Wohnung transportieren? Nur zu! Alle Anschlüsse haben ihre eigene Form und passen nur in den dafür *vorgesehenen Gegenpart*. Lediglich die Anschlüsse für Tastatur und Maus könnte man aufgrund ihrer Gleichheit verwechseln, aber hier helfen die Farben. Sollten beim Start des *frisch aufgebauten* Computers Maus oder Tastatur nicht funktionieren, schalten Sie den Computer aus (Stecker oder Hauptschalter ziehen), tauschen einfach die Anschlüsse der beiden um, schalten den Computer wieder ein, warten bis seine Selbstüberprüfung abgeschlossen ist (der Start dauert ein wenig länger) und er läuft!

- Ihr Computer ist modular aufgebaut.
- In seinem Gehäuse sind einzelne Komponenten, die als ganzes Ihren Computer ergeben.
- Festplatte, Grafikkarte, Prozessor und Arbeitsspeicher sind solche Komponenten des Computers.
- Fast jede Komponente kann ausgetauscht werden; das wird *aufrüsten* genannt.

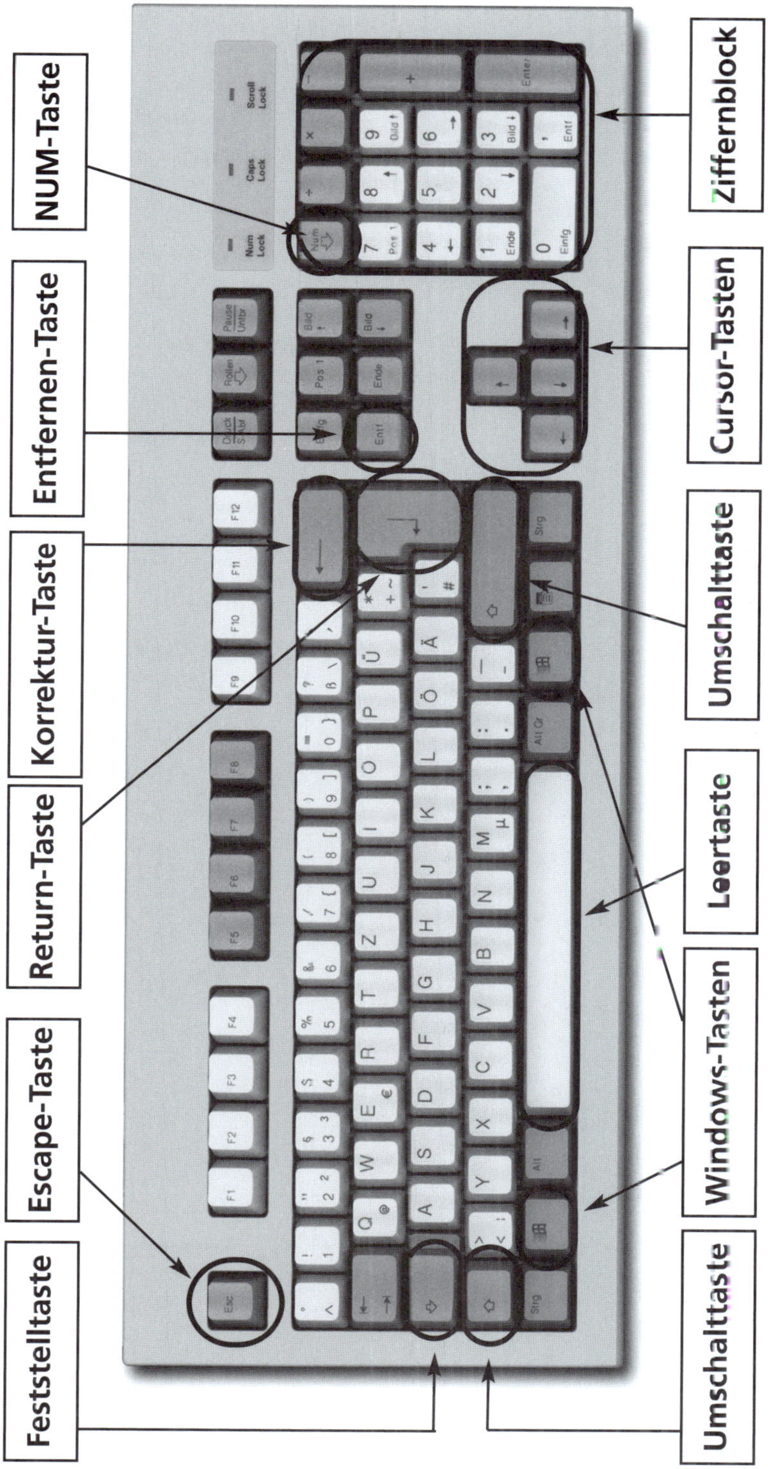
NUM-Taste
Entfernen-Taste
Korrektur-Taste
Return-Taste
Escape-Taste
Feststelltaste
Ziffernblock
Cursor-Tasten
Umschalttaste
Leertaste
Windows-Tasten
Umschalttaste

Glossar

Abstürzen, abgestürzt

Nichts geht mehr! Der Computer ist *abgestürzt*. Der Mauszeiger bewegt sich nicht oder reagiert nicht auf Klicken – der Computer lässt sich nicht einmal ausschalten. Bitte – keine Aufregung! Dass Ihr Computer mal abstürzt, können Sie nicht verhindern. Dadurch, dass er ein sehr komplexes Gerät mit umfangreichen Programmen geworden ist, kann es schon mal vorkommen, dass der PC sich *aufhängt*. Wichtig beim Umgang mit dem PC ist es, die Ruhe zu bewahren. Dadurch können Sie Abstürzen vorbeugen – garantiert verhindern kann man sie nicht.

Aufrüsten

PCs sind modular gebaute Geräte. Bestimmte → Komponenten erfüllen einen bestimmten Zweck. Einzelne Bauteile auszutauschen oder hinzuzufügen, wird als *aufrüsten* bezeichnet. Man rüstet den Computer auf, um bessere Leistungen zu erreichen oder modernere Funktionen zu erhalten.

Betriebssystem

Bezeichnung für eine → Software, die den Betrieb des gesamten Computers steuert und regelt. Ohne Betriebssystem können Sie die Maus nicht verwenden oder das Drücken einer Taste der Tastatur hat keine Auswirkung. Das Betriebssystem *kennt* alle an den Computer angeschlossenen Geräte und ermöglicht deren Nutzung.

Bildlaufleiste

Sie erscheint automatisch, wenn das Fenster nicht groß genug ist, um den gesamten Inhalt der Datei anzuzeigen. Durch Pfeile und einen Balken können Sie sich den gesamten Inhalt eines Fenster anschauen, indem Sie den Ausschnitt mit den Pfeilen nach oben oder unten bewegen. Der englische Fachausdruck für Bildlaufleiste ist *Scrollbar*.

Button (Knopf/Schaltfläche)
(sprich: *batten*) Schaltfläche, mit der Aktionen ausgeführt oder bestätigt werden können – wie z.B. *OK* oder *Abbrechen*. Das Ausführen oder Bestätigen geschieht durch Klicken mit der linken Maustaste.

CD (Compact Disk)
Diese silberne Kunststoffscheibe ist schon seit 20 Jahren ein effizientes Speichermedium für Musik (als Ablösung der guten, alten Schallplatte). Sie wurde 1982 von den Firmen Sony und Phillips eingeführt und die darauf befindliche Musik kann mit einem CD-Abspielgerät gehört werden.

CD-Brenner
Spezielles CD- → Laufwerk, in dem mittels Laser auf einem CD-Rohling Daten eingebrannt werden können (deswegen auch der Name CD-*Brenner*). Je nach Modell des CD-Brenners können Sie → CD-R-, → CD-RW-, → DVD-Rohlinge verwenden.

CD-R (R = Recordable = beschreibbar)
Leere CD für den Computer, auf der Sie eine große Datenmenge speichern können. Sie wird auch *Rohling* genannt. Für die Speicherung von Daten auf diesem CD-Rohling brauchen Sie einen so genannten → CD-Brenner. Auf eine CD-R können Sie nur einmal Daten brennen, dann sind diese fixiert und nicht mehr änderbar. Aus der CD-R ist dann eine → CD-ROM geworden.

CD-ROM (ROM = Read Only Memory)
CD für den Computer. Auf einer CD-ROM sind Daten gespeichert, die ein CD-ROM- → Laufwerk lesen kann, z.B. Daten von einem Programm. Eine CD-ROM kann nicht nachträglich verändert werden, ihre gespeicherten Daten sind fix. Deswegen auch die Bezeichnung *Read Only Memory* – zu deutsch *Nur Lesespeicher*.

CD-RW (RW = ReWriteable = wiederbeschreibbar)
CD-Rohling (→ CD-R), auf dem Sie nicht nur einmal Daten speichern (d.h. fixieren), sondern auch wieder löschen können. Dadurch verwenden Sie eine CD-RW öfter.

Chips
Plättchen, auf denen ganz viele elektronische Schaltungen integriert sind. Die Schaltungen werden in die Chips hineingeätzt. Das Material der Chips kann Strom leiten. Ein → *Intel* → *Pentium* ist auch ein Chip und besitzt z. B. 5,5 Millionen Schaltungen auf einer Fläche, so groß ist wie ein Daumennagel.

Computer
Ableitung des englischen Wortes *compute* (sprich: *kompjut*), welches *berechnen* heißt. Der Computer macht auch letzten Endes nichts anderes, als etwas zu berechnen – er ist eine Rechenmaschine. Daher wird im Deutschen der Computer auch oft *Rechner* genannt.

CPU (CPU = Central Processing Unit)
Zentrale Prozessoreinheit oder Zentralprozessor → Prozessor.

Cursor
(sprich: *körser*) Ein immer blinkender Strich (Eingabemarkierung), der signalisiert, dass Sie an dieser blinkenden Stelle Text eingeben können. Auf Ihrer Tastatur gibt es Cursortasten (vier Pfeile in alle vier Himmelsrichtungen zeigend), mit denen Sie, wenn es vom verwendeten Programm erlaubt ist, die Eingabemarkierung in alle Richtungen bewegen können.

Datei
In einer Datei werden alle Informationen (Daten) gesammelt, die der Computer braucht, um zu einem späteren Zeitpunkt z. B. einen Brieftext wieder auf Ihrem → Monitor zu zeigen. Durch das → Speichern von Informationen entsteht eine Datei. Eine Datei kann nachträglich verändert werden: Wenn Sie z. B. Ihrem Brieftext einige Sätze hinzufügen und diese dann erneut speichern, wird die Datei geändert.

Datenträger
Datenträger sind Speichermedien. Auf Datenträgern werden elektronische Daten gespeichert, um sie zu einem anderen Zeitpunkt wieder verfügbar zu haben. Mit manchen Datenträgern können Sie auch Daten transportieren, z. B. mit einer → Diskette.

Desktop (Schreibtisch)

Bezeichnung der Arbeitsfläche, die Sie sehen, wenn Sie den Computer eingeschaltet haben. Auf dem Desktop liegen Symbole für bestimmte Arbeitswerkzeuge und nach dem Starten eines Programmes auch Fenster. Dieses Prinzip ist vergleichbar mit einem Schreibtisch, auf dem Zettel oder Briefe und Ordner liegen.

Digitalkamera

Kamera, die Fotos elektronisch und ohne Film speichert. Gespeichert wird auf → Datenträgern, die in den Computer eingelesen werden können. Die Digitalkamera kann mit einem Kabel an den Computer angeschlossen werden. Der Vorteil dieser Kamera ist, dass Sie die Bilder sofort betrachten und bei Nichtgefallen gegebenenfalls löschen können. Um die Bilder später auf Papier zu erhalten, brauchen Sie einen guten Farbdrucker oder ein entsprechend ausgestattetes Fotofachgeschäft.

Diskette

Eine Diskette ist ein → Datenträger. Sie ist wechselbar und kann daher von einem Ort zu einen anderen gebracht werden. Disketten, die heute noch im Gebrauch sind, haben eine Kantenlänge von 3,5" (Zoll) und sind ca. 3 mm dick. Jeder Computer wird mit einem Diskettenlaufwerk (Gerät zum Lesen der Disketten) ausgeliefert.

DVD (Digital Versatile Disk = digitale, vielseitige Scheibe)

Bezeichnung für eine neue Art von CD, die ein Vielfaches mehr an Daten speichern kann als eine → CD-ROM (bis zu 25 mal mehr). Sie wird wohl auf Dauer die klassische CD-ROM ablösen. Sie sieht genauso aus wie eine CD, besteht aber aus einer anderen Materialzusammensetzung. Die DVD findet heute sehr häufig Verwendung, um Videofilme zu speichern. Um die Daten auf einer DVD sehen zu können, brauchen Sie ein DVD- → Laufwerk.

Grafikkarte

Eine bestimmte Platine im Innern des Computers, die dafür sorgt, dass der → Monitor Bilder zeigen kann. Sie errechnet einzelne Bildpunkte, die aneinandergesetzt ein ganzes Bild ergeben. Ohne

Grafikkarte könnten Sie nicht sehen, was Sie an Ihrem Computer machen.

Hardware

(sprich: *hardwer*) Alles, was Sie in Verbindung mit einem Computer anfassen können. → Monitor, Maus Tastatur sind Hardware. Zum besseren Vorstellen: Hardware heißt übersetzt *harte Ware*.

Icon (=Bildchen)

(sprich: *eiken*) Icons finden Sie z.B. auf Ihrem Desktop. Meistens weisen sie auf etwas hin, was geklickt werden kann, bzw. geben eine visuelle Unterstützung für einen Vorgang. Icons werden auch Symbole genannt.

Intel

Eine sehr bekannte und erfolgreiche amerikanische Firma aus der Computerindustrie. Die Firma Intel stellt → Prozessoren her, wie z.B. den so genannten → Pentium.

Installation, installieren

Das Übertragen der Daten einer Software. Übertragen wird von einem wechselbaren → Datenträger auf die Festplatte. Bei der Installation eines Programmes wird dies auf Ihrer Festplatte so eingerichtet, dass Sie damit arbeiten können.

Joystick

(sprich: *dscheustick*) Auch Steuerknüppel. Mit einen Joystick steuern Sie bei Spielen ein Motorrad um die Ecke, navigieren ein Schiff um die Klippen oder verhindern einen Flugzeugabsturz.

Komponenten

Einzelne Bestandteile des Computers, die einen bestimmten Zweck erfüllen. Der PC besteht aus vielen Komponenten, die als Ganzes erst die Funktion des Computers ermöglichen, z.B. → Grafikkarte, → Prozessor.

Laufwerke

Geräte, die → Datenträger aufnehmen können. Ein Diskettenlaufwerk zum Beispiel kann eine Diskette lesen und Daten auf ihr speichern.

Monitor

Bildschirm

Ordner

In Verbindung mit Ihrem Computer und seinen Speichermöglichkeiten ein Ort, an dem Dateien gesammelt und aufbewahrt werden können. Sie erstellen Ordner, um eine Übersicht über Ihre → Dateien zu behalten. Bei diszipliniertem → Speichern Ihrer Dateien in bestimmten Ordnern werden Sie Ihre Dateien immer schnell wiederfinden.

PC

Abkürzung von *Personal Computer*. Die ersten Computer waren riesige Maschinen und sehr teuer. Daher waren sie auch nicht überall zu finden. In den 80er Jahren entwickelte die Firma IBM einen Computer, der überall auf einem Schreibtisch stehen konnte, relativ leicht bedienbar und auch preislich erschwinglich war. Der Begriff *Personal Computer* entstand, da sich jetzt eine einzelne *Person* einen *Computer* auf den Tisch stellen konnte.

Pentium

Ein bestimmter → Prozessor der Firma → Intel, der 1993 auf dem Markt kam. Technisch gesehen auch ein so genannter 586er. Angefangen hat die Firma Intel mit 80086 Prozessoren. Dann kam ein 286er (die 80 am Anfang ist in der Bezeichnung ganz weggefallen), ein 386er, ein 486er. Alle Zahlenbeschreibungen meinen einen ganz bestimmten Typ von Prozessor. Da andere Firmen, die auch Prozessoren bauen, ihre Prozessoren auch z.B. 486er genannt haben und ein Namensschutz einer Zahl weltweit nicht möglich ist, hat sich Intel entschieden, ihren Prozessoren echte Namen zu geben, die auch nur von Intel verwendet werden dürfen. Es gibt mittlerweile den Pentium in der vierten Generation – den Pentium IV.

Prozessor
Eine bestimmte Komponente im Computergehäuse, → Chip, welche alle wichtigen Rechenbefehle weiterleitet, zusammenstellt und aufbereitet. Der Prozessor hat ganz viele integrierte Schaltungen, die sich ständig an- und ausschalten. Das geschieht in einer Geschwindigkeit, die kaum nachvollziehbar ist. Durch das An- und Ausschalten entstehen Kommandos für andere Computerkomponenten, z. B. für die → Grafikkarte.

PS/2 Anschluss
Bestimmte Art einer → Schnittstelle am Computer, um z. B. eine Maus oder Tastatur anzuschließen. Die Anschlussart benötigt einen Stecker, der fünf Metallstifte in einem Halbrund angeordnet hat.

Rechner
siehe → Computer

Scanner
(sprich: *skänner*) Gerät, welches Fotos, Texte oder Grafiken abtastet und als elektronische Daten für den Computer verfügbar macht. Sie können ein eingescanntes (das ist die Tätigkeit) Bild nachträglich am Computer manipulieren, z. B. einem regenverhangenen Strand einen sonnigen Himmel geben.

Scrollbar
siehe → Bildlaufleiste

Schnittstelle
Verbindungsstelle zwischen einem Computer und einem zusätzlichem Gerät. An einer Schnittstelle können Sie zum Beispiel eine Maus anschließen. Der Computer kommuniziert über die Schnittstelle mit der Maus.

Software
(sprich: *softwär*) Bezeichnung für ein Programm. Es gibt verschiedene Programme: Spiele, Lernprogramme, Textverarbeitungsprogramme (diese werden als Anwendungsprogramme bezeichnet) und → Betriebssysteme.

Speichern
Ist in Verbindung mit dem Computer das Fixieren von Informationen, die Sie zu einem späteren Zeitpunkt wieder abrufen können – z. B. ein Brieftext. Speichern Sie nicht, verlieren Sie Ihren Brieftext, wenn Sie das Textverarbeitungsprogramm beenden. Daher werden Sie vor dem Beenden eines Programms immer zur Sicherheit gefragt, ob Sie Ihre Arbeit speichern wollen.

Speichermedien
siehe → Datenträger

Symbol
siehe → Icon

USB Anschluss (USB = Universal Serial Bus)
Eine bestimmte Art einer modernen → Schnittstelle am Computer, um z. B. einen → Scanner oder eine → Digitalkamera anzuschließen. Mit dieser Schnittstelle können Geräte sogar bei laufendem Betrieb des Computers einfach angeschlossen oder entfernt werden. Mit Verteilern können an einem USB-Anschluss bis zu 127 Geräte angeschlossen werden.

Verknüpfung
Verbindung, Verweis zu einem Original. Mit einer Verknüpfung können Sie an einer Stelle Ihrer Arbeitsoberfläche (z. B. auf dem → Desktop) ein Symbol anlegen, um schnelleren Zugriff auf die Originaldatei zu erlangen, die sich an einem anderem Ort in Ihrem Computersystem befindet. Auf Ihrem Desktop befinden sich von Anfang an einige Verknüpfungen – z. B. die des → Ordners *Eigene Dateien*, der sich auf Ihrer Festplatte befindet.

Wechselmedien
Andere Bezeichnung für → Datenträger, die ausgetauscht werden können.

Anhang

Zusätzliches Wissen zu den Laufwerkskennzeichnungen

Sie haben im *Kapitel 5 „Arbeiten speichern und öffnen – Dateien, Ordner und Laufwerke“* in der Beschreibung der Laufwerksbezeichnungen gelesen: „Das CD-Laufwerk hat *normalerweise* die Bezeichnung D:.“; „Das zweite CD-Laufwerk *kann* die Bezeichnung E: haben.“

Die Einschränkungen *normalerweise* und *kann* haben folgenden Hintergrund:

Sie können in Ihrem PC-Gehäuse nicht nur eine Festplatte haben, sondern auch zwei oder sogar drei. Drei Festplatten sind eher selten und zwei Festplatten zu haben, ist fast schon normal.

Normal ist mittlerweile auch, dass Sie zwei CD-Laufwerke besitzen. Ein schlichtes CD-ROM Laufwerk und dazu einen CD-Brenner.

Oder Sie besitzen sogar ein DVD-Laufwerk, welches natürlich auch schlichte CD-ROMs lesen kann und *dazu* einen CD-Brenner.

Die Verteilung der Laufwerksbuchstaben zu einzelnen Laufwerken ist abhängig von den Vorgaben der Festplatten, die im PC-Gehäuse eingebaut sind.

Das hört sich kompliziert an, ist es aber nicht! Es folgt eine nähere Erläuterung der Vergabe von Laufwerksbuchstaben für diejenigen, die es ganz genau wissen wollen.

Die Festplatten geben den Ton an

Hat Ihr Rechner zwei Festplatten, dann *verschieben* sich nur die Bezeichnungen der anderen Laufwerke.

Das erste CD-Laufwerk hat dann nicht mehr die Bezeichnung *D:*, sondern *E:*. Das hat damit zu tun, dass die zweite Festplatte nun *D:* heißt.

Hier eine optische Zusammenfassung von Laufwerkskennzeichnungen, die Sie mit Ihrem PC vergleichen können:

Standard-PC mit einer Festplatte und einem CD-Laufwerk		
Diskettenlaufwerk	Festplatte	CD-Laufwerk
3,5-Diskette (A:)	Festplatte (C:)	CD-ROM (D:)

Erweiterter PC mit zwei Festplatten und einem CD-Laufwerk		
Diskettenlaufwerk	Festplatte(n)	CD-Laufwerk(e)
3,5-Diskette (A:)	1. Festplatte (C:)	CD-ROM (E:)
	2. Festplatte (D:)	

Erweiterter PC mit zwei Festplatten und zwei CD-Laufwerken		
Diskettenlaufwerk	Festplatte(n)	CD-Laufwerk(e)
3,5-Diskette (A:)	1. Festplatte (C:)	CD-ROM (E:)
	2. Festplatte (D:)	CD-Brenner (F:)

Erweiterter PC mit zwei Festplatten und drei CD-Laufwerken		
Diskettenlaufwerk	Festplatte(n)	CD-Laufwerk(e)
3,5-Diskette (A:)	1. Festplatte (C:)	CD-ROM (E:)
	2. Festplatte (D:)	CD-Brenner (F:)
		DVD-Laufwerk (G:)

Zu den CD-Laufwerken sei noch gesagt, dass das CD-ROM-Laufwerk nicht immer unbedingt das erste in der Kette der CD-Laufwerke sein muss, auch wenn es in den Tabellen so aussieht.

CD-Laufwerke werden an ein bestimmtes Datensystem angeschlossen, bei dem es darauf ankommt, welches CD-Laufwerk als erstes am Kabel dieses Systems angeschlossen ist.

Ist der CD-Brenner als erstes am Kabel, so bekommt dieser zuerst eine Bezeichnung und dann das nächste, welches als zweites am Kabel hängt usw.

Nachwort

Kompliment – Sie haben es geschafft!

Ich freue mich, dass ich Sie bis hierher begleiten durfte.

Vielleicht schauen Sie ab und zu wieder in dieses Buch, um einige der Übungen zu wiederholen – so lange, bis Sie sich im Umgang mit Ihrem Computer sicher fühlen.

Die wichtigsten Grundkenntnisse haben Sie während unserer gemeinsamen Arbeit erlangt. Sie können jetzt bereits ganz praktisch mit Ihrem Computer arbeiten!

Ein nächster Schritt für Sie wäre es, sich mit dem Internet vertraut zu machen oder sich z. B. mit der Textverarbeitung *Microsoft Word* anzufreunden.

Es gibt noch vieles zu entdecken. Ich wünsche Ihnen weiterhin viel Freude mit Ihrem Computer.

Ihre

Stichwortverzeichnis

0171 6831928